VOLUME DOIS

PAULO FURTADO DE OLIVEIRA FILHO
COORDENADOR

LEI DE RECUPERAÇÃO E FALÊNCIA

PONTOS RELEVANTES E CONTROVERSOS DA REFORMA PELA LEI 14.112/20

AUTORES
ALINE TURCO
CLAUDIA AL-ALAM ELIAS FERNANDES
EDUARDO FOZ MANGE
GUSTAVO LACERDA FRANCO
JOÃO CARLOS SILVEIRA
JOICE RUIZ BERNIER
MARIA FABIANA SEOANE DOMINGUEZ SANT'ANA
OSANA MARIA DA ROCHA MENDONÇA
PAULO ROBERTO BASTOS PEDRO
RICARDO DE MORAES CABEZÓN
VÂNIO CESAR PICKLER AGUIAR

2021 © Editora Foco
Coordenador: Paulo Furtado de Oliveira Filho
Autores: Aline Turco, Claudia Al-Alam Elias Fernandes, Eduardo Foz Mange, Gustavo Lacerda Franco, João Carlos Silveira, Joice Ruiz Bernier, Maria Fabiana Seoane Dominguez Sant'Ana, Osana Maria da Rocha Mendonça, Paulo Roberto Bastos Pedro, Ricardo de Moraes Cabezón e Vânio Cesar Pickler Aguiar
Diretor Acadêmico: Leonardo Pereira
Editor: Roberta Densa
Assistente Editorial: Paula Morishita
Revisora Sênior: Georgia Renata Dias
Capa Criação: Leonardo Hermano
Imagem de capa: Paulo Oliveira Matos Júnior
Diagramação: Ladislau Lima e Aparecida Lima
Impressão miolo e capa: GRAFNORTE

Dados Internacionais de Catalogação na Publicação (CIP) (Câmara Brasileira do Livro, SP, Brasil)

L525 Lei de recuperação e falência: pontos relevantes e controversos da reforma – volume 02 / Aline Turco ... [et al.] ; coordenado por Paulo Furtado de Oliveira Filho. - Indaiatuba, SP : Editora Foco, 2021.
136 p. ; 17cm x 24cm.

Inclui bibliografia.
ISBN: 978-65-5515-265-4

1. Direito. 2. Direito empresarial. 3. Lei de recuperação e falência. I. Turco, Aline. II. Fernandes, Claudia Al-Alam Elias. III. Mange, Eduardo Foz. IV. Franco, Gustavo Lacerda. V. Silveira, João Carlos. VI. Bernier, Joice Ruiz. VII. Sant'Ana, Maria Fabiana Seoane Dominguez. VIII. Mendonça, Osana Maria da Rocha. IX. Pedro, Paulo Roberto Bastos. X. Cabezón, Ricardo de Moraes. XI. Aguiar, Vânio Cesar Pickler. XII. Oliveira Filho, Paulo Furtado de. XIII. Título.

2021-940   CDD 346.07   CDU 347.7

Elaborado por Vagner Rodolfo da Silva - CRB-8/9410
Índices para Catálogo Sistemático:
1. Direito empresarial 346.07   2. Direito empresarial 347.7

DIREITOS AUTORAIS: É proibida a reprodução parcial ou total desta publicação, por qualquer forma ou meio, sem a prévia autorização da Editora FOCO, com exceção do teor das questões de concursos públicos que, por serem atos oficiais, não são protegidas como Direitos Autorais, na forma do Artigo 8º, IV, da Lei 9.610/1998. Referida vedação se estende às características gráficas da obra e sua editoração. A punição para a violação dos Direitos Autorais é crime previsto no Artigo 184 do Código Penal e as sanções civis às violações dos Direitos Autorais estão previstas nos Artigos 101 a 110 da Lei 9.610/1998. Os comentários das questões são de responsabilidade dos autores.

NOTAS DA EDITORA:
Atualizações e erratas: A presente obra é vendida como está, atualizada até a data do seu fechamento, informação que consta na página II do livro. Havendo a publicação de legislação de suma relevância, a editora, de forma discricionária, se empenhará em disponibilizar atualização futura.

Erratas: A Editora se compromete a disponibilizar no site www.editorafoco.com.br, na seção Atualizações, eventuais erratas por razões de erros técnicos ou de conteúdo. Solicitamos, outrossim, que o leitor faça a gentileza de colaborar com a perfeição da obra, comunicando eventual erro encontrado por meio de mensagem para contato@editorafoco.com.br. O acesso será disponibilizado durante a vigência da edição da obra.

Impresso no Brasil (03.2021) – Data de Fechamento (03.2021)

2021
Todos os direitos reservados à
Editora Foco Jurídico Ltda.
Avenida Itororó, 348 – Sala 05 – Cidade Nova
CEP 13334-050 – Indaiatuba – SP
E-mail: contato@editorafoco.com.br
www.editorafoco.com.br

APRESENTAÇÃO

Esta obra, ao lado da anteriormente publicada, representa um esforço inicial para a compreensão das novidades introduzidas no sistema de insolvência brasileiro pela Lei 14.112/2020, contendo artigos escritos por advogados e advogadas especialistas na matéria, bem como por administradores e administradoras judiciais.

Gustavo de Lacerda Franco trata da introdução, no direito das empresas em crise, da possibilidade dos credores apresentarem plano de recuperação, apontando as fragilidades da moldura legal.

Osana Maria da Rocha Mendonça e Maria Fabiana Seoane Dominguez Sant'Ana discutem as consequências da possibilidade de votação do plano pelos credores, por meio de termo de adesão, o que poderá colocar em segundo plano as deliberações em assembleia.

Joice Ruiz Bernier e Aline Turco abordam as novas exigências relativas à instrução do pedido de recuperação judicial, bem como os aspectos controvertidos da constatação prévia e da nova disciplina do crédito trabalhista no plano de recuperação.

Ricardo de Moraes Cabezón analisa criticamente as novas atribuições do administrador judicial nos processos de falência e na recuperação judicial.

Paulo Roberto Bastos Pedro aborda as várias modificações introduzidas na recuperação extrajudicial, que podem tornar eficaz este instrumento de superação de crise tão pouco utilizado.

Claudia Al-Alam Elias Fernandes analisa uma importante novidade na recuperação extrajudicial, que consiste na possibilidade de sujeição dos créditos de natureza trabalhista.

Eduardo Foz Mange apresenta as alterações introduzidas na classificação de créditos no processo de falência.

João Carlos Silveira e Vânio Cesar Pickler Aguiar abordam a nova disciplina da realização alternativa dos ativos na falência, que poderá aumentar o interesse de investidores.

Que seja proveitosa a leitura!

Paulo Furtado de Oliveira Filho
Coordenador da obra

SUMÁRIO

APRESENTAÇÃO
    Paulo Furtado de Oliveira Filho III

APRESENTAÇÃO DE PLANO DE RECUPERAÇÃO JUDICIAL ALTERNATIVO PELOS CREDORES NA REFORMA DA LRF: UMA BOA IDEIA MAL IMPLEMENTADA
    Gustavo Lacerda Franco 1

A ASSEMBLEIA GERAL DE CREDORES EM XEQUE
    Osana Maria da Rocha Mendonça e Maria Fabiana Seoane Dominguez Sant'Ana 19

COMENTÁRIOS AOS ARTIGOS 51 A 54 DA LEI 11.101/2005
    Joice Ruiz Bernier e Aline Turco 31

AS NOVAS ATRIBUIÇÕES DO ADMINISTRADOR JUDICIAL NA REFORMA DO ARTIGO 22 DA LEI DE FALÊNCIAS E RECUPERAÇÕES JUDICIAIS
    Ricardo de Moraes Cabezón 53

A RECUPERAÇÃO EXTRAJUDICIAL E AS RECENTES ALTERAÇÕES
    Paulo Roberto Bastos Pedro 71

RECUPERAÇÃO EXTRAJUDICIAL E OS CRÉDITOS TRABALHISTAS: UM MODELO QUE TEM TUDO PARA DAR CERTO
    Claudia Al-Alam Elias Fernandes 89

CLASSIFICAÇÃO DOS CRÉDITOS NA FALÊNCIA
    Eduardo Foz Mange 105

REALIZAÇÃO EXTRAORDINÁRIA DO ATIVO NA FALÊNCIA: COMENTÁRIOS ÀS ALTERAÇÕES AO ARTIGO 145 IMPLEMENTADAS PELA LEI 14.112/2020
    João Carlos Silveira e Vânio Cesar Pickler Aguiar 117

APRESENTAÇÃO DE PLANO DE RECUPERAÇÃO JUDICIAL ALTERNATIVO PELOS CREDORES NA REFORMA DA LRF: UMA BOA IDEIA MAL IMPLEMENTADA

Gustavo Lacerda Franco

Doutorando e Mestre em Direito Comercial pela Faculdade de Direito da USP, em que se graduou. Advogado.

Sumário: 1. Introdução. 2. Apresentação do plano de recuperação judicial: o modelo original. 3. A proposição do plano pelo devedor: modelos alternativos e críticas doutrinárias. 4. O plano alternativo dos credores: mecanismo importante com custo-benefício preocupante. 5. Conclusão. 6. Referências. 7. Julgados referidos.

1. INTRODUÇÃO

A disciplina legal da crise empresarial no Brasil, com pontuais exceções, permanece a mesma desde 2005, quando passou a vigorar a Lei 11.101/2005 ("Lei de Recuperação e Falência" ou, simplesmente, "LRF"). A evolução da matéria em sedes doutrinária e jurisprudencial nos últimos 15 anos, contudo, foi notável, em resposta a indagações cada vez mais complexas oriundas da prática. Apesar disso, não tardaram a surgir apelos crescentes pela reforma da legislação concursal brasileira, alguns razoáveis e outros nem tanto.

Por um lado, deve-se reconhecer que a moldura original da LRF é insuficiente ou omissa sobre aspectos relevantes do moderno direito concursal, como a crise de grupos societários, o financiamento do devedor durante o processo ou a insolvência transnacional.[1] Doutrina e jurisprudência, naturalmente, não podem sanar todas essas falhas

---

1. Sobre o tratamento jurídico desses temas no regime brasileiro, vide, respectivamente, Sheila C. Neder Cerezetti, Grupos de sociedades e recuperação judicial: o indispensável encontro entre direitos societário, processual e concursal. In: Flávio Luiz Yarshell e Guilherme Setoguti J. Pereira (Coord.), *Processo Societário*, São Paulo: Quartier Latin, 2015, v. II, p. 735-789, e Sheila C. Neder Cerezetti e Francisco Satiro, A silenciosa "consolidação" da consolidação substancial – Resultados de pesquisa empírica sobre recuperação judicial de grupos empresariais. *Revista do Advogado* 131 (2016), p. 216-223; Leonardo Adriano Ribeiro Dias, *Financiamento na Recuperação Judicial e na Falência*, São Paulo, Quartier Latin, 2014, e Eduardo Secchi Munhoz, Financiamento e investimento na recuperação judicial. In: Emanuelle Urbano Maffioletti e Sheila C. Neder Cerezetti (Coord.), *Dez anos da Lei 11.101/2005 – Estudos sobre a Lei de recuperação e falência*, São Paulo, Almedina, 2015, p. 264-290; bem como, por fim, Sabrina Maria Fadel Becue, *Insolvência transnacional: as contribuições que a Lei Modelo da UNCITRAL pode proporcionar para o Brasil*, Tese (Doutorado) – Faculdade de Direito da Universidade de São Paulo, São Paulo, 2018, e Thomas Benes Felsberg e Paulo Fernando Campana Filho, A recuperação judicial de sociedades sediadas no exterior: as lições da experiência estrangeira e os desenvolvimentos no Brasil. In: Emanuelle Urbano Maffioletti e Sheila C. Neder Cerezetti (Coord.), *Dez anos da Lei 11.101/2005* cit., p. 468-489.

de maneira adequada, ainda que tenham resolvido algumas delas.[2] Por outro, tem-se consciência de que promover uma ampla reforma no sistema concursal tem potencial para lhe gerar resultado similar ao da abertura da mitológica Caixa de Pandora, sobretudo em momentos de instabilidade política e econômica. O direito das empresas em crise consiste em política pública que afeta os mais diversos interesses envolvidos na atividade empresarial.[3] É preciso muito cuidado para que, de sua formulação, não resulte solução pouco ou nada equilibrada.[4]

O tempo para tais preocupações, no entanto, parece ter se esgotado. Isso porque, entre as variadas iniciativas no sentido de reforma da LRF, uma acaba de lograr êxito: o Projeto de Lei 4.458/2020, que se converteu na Lei 14.112/2020 ao ser sancionado pelo Presidente da República após sua aprovação pelas duas casas do Congresso Nacional. O texto promulgado ocasiona alteração em aspectos fundamentais da disciplina da recuperação judicial e de outros institutos do direito das empresas em crise. Diante da possibilidade de que uma remodelação com essa intensidade produza efeitos negativos no âmbito de política pública tão importante para a higidez da economia nacional, faz-se necessário examinar seu teor de forma criteriosa.

Dedica-se o presente estudo a esse esforço, com foco na análise de uma das modificações promovidas que mais afetou a estrutura conferida pelo legislador de 2005 à recuperação judicial: a possibilidade de que os credores apresentem um plano de recuperação alternativo, na presença de certas circunstâncias. Com efeito, segundo a redação atribuída ao art. 56, §§ 4º e ss., da LRF, ocorrendo a rejeição do plano de recuperação judicial proposto pelo devedor, os credores reunidos em assembleia geral poderão deliberar pela concessão do prazo de 30 dias para apresentação de um novo plano, elaborado pelos próprios titulares de créditos.

A medida autorizada suscita dúvidas importantes, de contornos teóricos e práticos. Essas indagações dizem respeito, por exemplo, ao seu impacto nos incentivos à atuação do devedor e dos credores com relação ao processo recuperacional, aos eventuais efeitos que pode gerar sobre o patrimônio dos sócios, à sua interface com o regime societário de maneira geral e à natureza contratual (ou não) do plano apresentado nesses moldes. Elementos internos do regramento delineado para o plano alternativo também causam incerteza.

---

2. A exemplo daquela concernente à recuperação judicial de grupos societários, que tem sido enfrentada pela jurisprudência, com o auxílio da doutrina (em especial, o pioneiro estudo de Sheila C. Neder Cerezetti acima mencionado), há anos. Vide nesse sentido, entre julgados mais recentes, TJSP, Agravo de Instrumento 2050662-70.2019.8.26.0000, 1ª Câmara Reservada de Direito Empresarial, Rel. Des. Cesar Ciampolini, j. 07.08.2019, e TJSP, Agravo de Instrumento 2165440-24.2017.8.26.0000, 2ª Câmara Reservada de Direito Empresarial, Rel. Des. Alexandre Marcondes, j. 12.11.2018.

3. Para maiores detalhes sobre o assunto, vide Elizabeth Warren, Bankruptcy policymaking in an imperfect world. *Mich. L. Rev.* 92 (1993-1994), p. 343.

4. Sabendo-se que o princípio da preservação da empresa, central no regramento da recuperação judicial, é atendido justamente ao se promover o equilíbrio entre os múltiplos interesses abarcados na atividade da recuperanda ao longo do procedimento (Sheila C. Neder Cerezetti, *A recuperação judicial de sociedade por ações – O princípio da preservação da empresa na Lei de recuperação e falência*, São Paulo, Malheiros, 2012, p. 428), evidencia-se que a realização de reforma legislativa desatenta a essa necessidade pode acarretar consequências bastante perniciosas.

Este artigo almeja avaliar se a mudança concretizada é adequada, considerando-se essas e outras questões. Para tanto, em primeiro lugar, será exposto o regramento original concernente à apresentação do plano de recuperação judicial e a aspectos da LRF que se relacionam com ela, como a legitimidade para o ajuizamento do pedido de recuperação judicial e a condução da atividade empresarial durante o processo. Em seguida, serão abordados modelos alternativos ao inicialmente adotado pela LRF quanto à proposição do plano, assim como as críticas dirigidas pela doutrina a essa opção do legislador brasileiro. Por fim, será discutido, de forma detalhada, o regramento sobre o plano alternativo dos credores, analisando-se criticamente a sua configuração.

2. APRESENTAÇÃO DO PLANO DE RECUPERAÇÃO JUDICIAL: O MODELO ORIGINAL

No cerne dos processos de reorganização empresarial, modalidade que abarca a recuperação judicial, encontra-se uma proposta que deve apresentar, de maneira abrangente e coerente, como o passivo do devedor será reestruturado e ainda outras medidas que possam contribuir para a superação da sua crise econômico-financeira. Na esfera internacional, essa proposta é usualmente chamada de "plano".[5] No Brasil, não é diferente: toda a negociação entre devedor e credores ocorre em torno do plano de recuperação judicial.[6]

No regime original da recuperação judicial, reserva-se ao devedor, com exclusividade, a relevante prerrogativa de apresentar o plano recuperacional (art. 53 da LRF). De acordo com a fórmula legal, sequer podem os credores promover alterações na proposta do devedor durante a assembleia geral de credores sem a sua expressa concordância (art. 56, § 3º, da LRF).[7]

Conforme o art. 53, *caput*, da LRF, o devedor deve juntar o plano recuperacional aos autos no prazo improrrogável de 60 dias, contado da publicação da decisão de deferimento do processamento da sua recuperação judicial, sob pena de convolação em falência.[8] Os incisos I, II e III do dispositivo, por seu turno, estabelecem que o documento

---

5. William W. McBryde e Axel Flessner, *Principles of european insolvency law and general commentary*. In: William W. McBryde, Axel Flessner e Sebastianus Constantinus Johannes Josephus Kortmann (Coord.). *Principles of european insolvency law*, Deventer, Kluwer Legal Publishers, 2003, p. 67-68.
6. Documento considerado, em sede doutrinária, "(...) o elemento central para a análise da estratégia desenhada para o sucesso, ou não, da recuperação judicial", já que a "(...) elaboração do plano é crucial para que os credores possam avaliar as ações e medidas econômico-financeiro-administrativas de resgate da sociedade, forma de liquidação das obrigações, manutenção de empregos, enfim, de solução da crise" (Rachel Sztajn, Comentários ao Capítulo III, Seção III da Lei 11.101/2005. In: Francisco Satiro de Souza Junior e Antônio Sérgio Altieri de Moraes Pitombo (Coord.). *Comentários à Lei de Recuperação de Empresas e Falência – Lei 11.101/2005 – Artigo por Artigo*, 2. ed. São Paulo: Ed. RT, 2007, p. 265).
7. Embora não seja incomum encontrar, na doutrina, afirmações no sentido de que "planos alternativos podem ser elaborados por qualquer credor, para que possa apresentá-los na objeção (se pretender discutir a viabilidade do plano da devedora) ou diretamente na Assembleia dos Credores" (Fábio Ulhoa Coelho, *Comentários à Lei de Falências e de Recuperação de Empresas*, 9. ed. São Paulo: Saraiva, 2013, item 131) e isso não denote, propriamente, um equívoco, deve-se notar que a disposição do art. 56, § 3º, da LRF reduz muito o impacto prático da possibilidade aventada.
8. Ainda que essa opção legislativa possa ser objeto de questionamento, como aponta Sheila C. Neder Cerezetti, *A Recuperação judicial de sociedade por ações* cit., p. 252, nota 33.

deve conter, respectivamente, "discriminação pormenorizada dos meios de recuperação a ser empregados, conforme o art. 50 desta Lei, e seu resumo", "demonstração de sua viabilidade econômica" e "laudo econômico-financeiro e de avaliação dos bens e ativos do devedor, subscrito por profissional legalmente habilitado ou empresa especializada".

Em apertada síntese, o plano apresentado pelo devedor poderá ser objetado pelos credores (art. 55 da LRF). Havendo objeção, o juízo concursal deve convocar a assembleia geral de credores para deliberar sobre ele (art. 56, *caput*, da LRF). Ocorrendo a rejeição da proposta pelo conclave de credores, decreta-se a quebra do devedor (antigo art. 56, § 4º, da LRF). Não havendo objeção ou sendo o plano aprovado pela assembleia de credores (de acordo com o quórum regular do art. 45 da LRF ou com o quórum alternativo do art. 58, §§ 1º e 2º, do mesmo diploma), cabe ao juízo proceder à sua homologação, concedendo a recuperação judicial ao devedor (art. 58 da LRF). Isso, claro, após realizar controle de legalidade sobre a eventual deliberação assemblear e o conteúdo proposto.[9] Passa-se, enfim, à fase de cumprimento do plano, nos termos do art. 61 da LRF.

Também é privativa do devedor a legitimidade para ajuizar o pedido de recuperação judicial (art. 48 da LRF).[10-11] Além disso, durante o processo, o devedor ou seus administradores permanecem na condução da atividade da recuperanda, sob fiscalização (art. 64 da LRF).[12]

Percebe-se que o legislador de 2005 reconheceu competir ao devedor a avaliação sobre o momento oportuno para requerer a recuperação judicial, ao mesmo tempo em que prestigiou a sua iniciativa ao longo do procedimento, com o provável objetivo de estimular que ele buscasse se socorrer do instrumento tão logo identificasse uma crise econômico-financeira superável em sua atividade. Muitas vezes, a postergação desse pedido pode custar a viabilidade da empresa.[13] Além disso, embora essas características – formulação do pedido, apresentação do plano e manutenção da administração a

---

9. Sobre o controle judicial acerca da legalidade do plano, vide, por todos, Eduardo Secchi Munhoz, Anotações sobre os limites do poder jurisdicional na apreciação do plano de recuperação judicial. *Revista de Direito Bancário e do Mercado de Capitais* 36 (2007). Para extensa revisão bibliográfica e análise da evolução jurisprudencial sobre a matéria, vide Gustavo Lacerda Franco, *O controle judicial sobre o plano de recuperação na doutrina e na jurisprudência do TJSP e do STJ: uma análise à luz do dualismo pendular de Fábio Konder Comparato*, Tese de Láurea (Graduação) – Faculdade de Direito da Universidade de São Paulo, São Paulo, 2014.
10. Havendo apenas a exceção disposta no art. 48, § 1º, da LRF, quanto à possibilidade de ajuizamento do pedido "(...) pelo cônjuge sobrevivente, herdeiros do devedor, inventariante ou sócio remanescente".
11. Sobre o tema, tocando inclusive em aspectos concernentes ao papel dos sócios e órgãos da sociedade quanto à formulação do pedido, vide Sheila C. Neder Cerezetti, *A Recuperação judicial de sociedade por ações* cit., p. 244-251.
12. Sobre a disciplina jurídica da administração da sociedade em recuperação judicial, tendo em vista os modelos disponíveis no âmbito global acerca do tema, vide Gustavo Lacerda Franco, *A condução da sociedade em recuperação judicial: análise da solução brasileira à luz dos modelos globais e dos seus pressupostos*, Dissertação (Mestrado) – Faculdade de Direito da Universidade de São Paulo, São Paulo, 2018.
13. Uma das maiores vantagens dos modelos de reorganização que preconizam a manutenção do devedor na administração da atividade empresarial é justamente o incentivo para que o processo de soerguimento seja iniciado prontamente após a verificação de que ela se encontra em sérias dificuldades, de modo que ainda haja tempo hábil para o salvamento pretendido e que o negócio não continue operando com aparência de normalidade, em detrimento dos credores. Nesse sentido, vide Jay Lawrence Westbrook, The globalisation of insolvency reform. *N. Z. L. Rev.* (1999), p. 412; Sheila C. Neder Cerezetti, *A Recuperação judicial de sociedade por ações* cit., p. 391; William W. McBryde e Axel Flessner, *Principles of european insolvency law and general commentary* cit., p. 86; Ziad Raymond Azar, Bankruptcy policy: a review and critique of bankruptcy statutes and practices in fifty countries worldwide. *Cardozo J. Int'l & Comp. L.* 16 (2008), p. 286; e Yaad Rotem, Contemplating a corporate governance model for bankruptcy reorganizations: lessons from Canada, *Va. L. & Bus. Rev.* 3 (2008), p. 131. Atribuir ao devedor o poder

cargo do devedor – nem sempre caminhem juntas em regimes concursais estrangeiros, evidencia-se que elas formam um conjunto coerente.[14]

Isso não significa que a moldura originalmente delineada para a recuperação judicial seja desequilibrada em favor do devedor, tendo em vista que poderes muito relevantes foram alocados nas mãos da coletividade de credores,[15] como a aprovação ou rejeição do plano trazido aos autos pela recuperanda (arts. 45 e 58, *caput*, da LRF).[16]

Contudo, o fato de não haver, na moldura legal original da proposição do plano, um favorecimento injustificado da posição do devedor não denota que (i) inexistiam outras alternativas que poderiam ter sido escolhidas pelo legislador de 2005 ou que (ii) o caminho por ele seguido não tenha sido alvo de críticas. Tanto havia – e ainda há – que se está diante de alteração legislativa que atinge substancialmente a estrutura exposta. É o que se demonstra a seguir.

3. A PROPOSIÇÃO DO PLANO PELO DEVEDOR: MODELOS ALTERNATIVOS E CRÍTICAS DOUTRINÁRIAS

No regime original da recuperação judicial, como visto, atribui-se exclusivamente ao devedor a prerrogativa de propor o plano que será apreciado pela coletividade de credores. A opção do legislador de 2005, no entanto, poderia ter sido distinta.

Como elucida o *Legislative Guide on Insolvency Law* da UNCITRAL, há várias possibilidades no tocante à apresentação do plano de reorganização. Os diferentes sistemas concursais podem permitir que seja apresentado pelo devedor, pelos credores ou por outros agentes envolvidos no processo, assim como podem delimitar essa prerrogativa, autorizando que todos possam exercê-la concomitantemente ou não.[17] Entre os ordenamentos jurídicos que adotavam perspectiva distinta da brasileira, com relação à possibilidade de apresentação do plano de reorganização pelos credores, estão, por exemplo, o americano e o argentino.[18]

Até o projeto de lei que, ao final, resultou na LRF chegou a conter, em determinado momento de sua tramitação na Câmara dos Deputados, dispositivo que permitiria a apresentação de plano alternativo pelos credores e a sua imposição ao devedor.[19] Na versão do projeto aprovada, todavia, a previsão nesses moldes já havia sido suprimida.

---

exclusivo de apresentar o plano de recuperação judicial também contribui para que esse objetivo seja atingido (UNCITRAL, *Legislative Guide on Insolvency Law*, New York, United Nations, 2005, p. 212).

14. Vide nesse sentido, por exemplo, UNCITRAL, *Legislative Guide* cit., p. 212.
15. Marcelo Barbosa Sacramone, *Comentários à Lei de Recuperação de Empresas e Falência*, São Paulo, Saraiva, 2018, p. 293.
16. Já no relatório elaborado pelo Senador Ramez Tebet acerca do projeto de lei que se converteu na LRF, indicava-se o seu acerto "(...) ao apontar os credores – que participam do mercado em que está inserido o devedor e são, afinal, os maiores interessados no êxito do processo – como as pessoas mais indicadas para decidir acerca da viabilidade do plano de recuperação preparado pelo devedor" (*Parecer 534*, de 2004, da Comissão de Assuntos Econômicos do Senado, *Diário do Senado Federal*, 10 de junho de 2004, p. 17867).
17. UNCITRAL, *Legislative Guide* cit., p. 210-214.
18. Sheila C. Neder Cerezetti, *A Recuperação judicial de sociedade por ações* cit., p. 267-272.
19. Luiz Fernando Valente de Paiva, Necessárias alterações no sistema falimentar brasileiro. In: Emanuelle Urbano Maffioletti e Sheila C. Neder Cerezetti (Coord.). *Dez anos da Lei 11.101/2005* cit., p. 155.

Ademais, desde o surgimento da LRF, a atribuição ao devedor do poder privativo de apresentar o plano de recuperação judicial tem sido objeto de críticas em sede doutrinária. O fundamento empregado nessa esteira é convincente.

Para Eduardo Secchi Munhoz, a restrição imposta pela LRF à superação do veto do devedor – ou melhor, dos seus administradores e/ou sócios – ao plano de recuperação judicial economicamente viável e apoiado pelo conjunto de *stakeholders* da recuperanda denotaria que o legislador escolheu proteger o interesse pessoal dos sócios, em detrimento de salvar a empresa enquanto centro de múltiplos interesses. Essa opção, segundo o autor, poderia levar a soluções incompatíveis com a função social da empresa.[20]

Realmente, como ensina Sheila C. Neder Cerezetti, somando-se a legitimidade exclusiva do devedor para formular o plano com a consequência de convolação do processo recuperacional em falência, caso o prazo para sua apresentação seja desrespeitado, chegava-se a cenário em que o devedor poderia ser o único responsável pela decisão acerca do futuro da empresa, a despeito dos demais interesses relevantes abarcados em sua atividade.[21] Ausente previsão legal viabilizando a proposição de plano alternativo, teria restado aos credores como "arma de negociação" somente a ameaça de rejeitar o plano e, com isso, encaminhar a recuperanda à bancarrota. Como essa via, frequentemente, era reputada pior pelos credores, restava ao devedor – e ao seu controlador – um poder de fato exacerbado para a desconsideração de propostas oriundas dos titulares de créditos.[22]

Em outras palavras, a simples recalcitrância do devedor, no sistema original da recuperação judicial brasileira, poderia levar uma sociedade empresária com atividade viável à liquidação, conquanto ela pudesse atender melhor aos inúmeros interessados afetados por sua crise, credores ou não, se continuasse operando como um *going concern*. Tratava-se o devedor – mais precisamente, seu controlador – como verdadeiro e absoluto "dono do negócio", desprezando-se sua função social e regredindo-se à velha confusão do nosso direito concursal entre empresa e empresário.[23]

Defendeu-se, então, que seria adequada previsão legal permitindo ao juízo concursal que homologasse o plano a despeito da discordância do devedor, quando a rejeição da proposta aprovada significasse violação da função social da empresa e privilegiasse o interesse pessoal de uma das partes do processo.[24] No mesmo sentido, aliás, em que se autoriza a superação do veto de uma classe de credores ao plano do devedor, mediante aplicação do problemático *cram down* à brasileira, nos termos do art. 58, §§ 1º e 2º, da

---

20. Eduardo Secchi Munhoz, Comentários ao Capítulo III, Seção IV da Lei 11.101/2005. In: Francisco Satiro de Souza Junior e Antônio Sérgio Altieri de Moraes Pitombo (Coord.). *Comentários à Lei de Recuperação de Empresas e Falência* cit., p. 278.
21. Sheila C. Neder Cerezetti, *A Recuperação judicial de sociedade por ações* cit., p. 253.
22. Luiz Fernando Valente de Paiva, *Necessárias alterações* cit., p. 155.
23. Esta última já tão bem referida por Fábio Konder Comparato no seu clássico *Aspectos Jurídicos da Macro-Empresa*, São Paulo, Revista dos Tribunais, 1970, p. 102-103.
24. Eduardo Secchi Munhoz, *Comentários ao Capítulo III, Seção IV da Lei 11.101/2005* cit., p. 278-279. Como bem lembrado pelo autor no mesmo trecho, isso já poderia ocorrer, na prática, se houvesse o afastamento do devedor conforme os arts. 64 e 65 da LRF, situação em que a apresentação do plano (caso ainda não juntado) caberia ao gestor judicial nomeado. Deve-se apontar, entretanto, que essa hipótese é bastante restrita, já que o afastamento é raramente promovido e depende da verificação de circunstância elencada no art. 64 (Gustavo Lacerda Franco, *A condução da sociedade em recuperação judicial* cit., p. 136-209).

LRF.[25] Sustentou-se, igualmente, que a introdução do plano alternativo imponível ao devedor na LRF deveria ser acompanhada de requisitos que restringissem sua incidência a situações específicas, contemplando a exigência de quórum especial e elevado, a presença de comportamento não cooperativo e transparente do devedor, bem como a inexistência de valor das participações societárias à luz do panorama falimentar.[26]

Na prática forense, inclusive, é possível encontrar julgado que, sob interessante fundamentação, viabilizou a apresentação de aditivo ao plano pelos credores à revelia do devedor.[27] Isso, vale notar, na ausência de qualquer alteração legal.

A solução adotada a partir da aprovação do Projeto de Lei 4.458/2020 quanto ao plano alternativo, portanto, não é totalmente alheia aos anseios dos juristas que se debruçaram sobre a matéria. Isso já é um avanço, considerando que várias das modificações por ele realizadas não encontram eco na doutrina e sequer parecem fazer sentido na prática, como a designação de novas tarefas ao administrador judicial no âmbito da negociação entre as partes (no que são as novas alíneas "e", "f" e "g" do art. 22, II, da LRF).

Ocorre que existe um abismo entre se conceber uma ideia, de modo abstrato e genérico, e promover a sua concreta implementação na forma de dispositivo legal. Se a orientação a autorizar a superação do veto do devedor a plano proposto pelos credores já é *per se* desafiadora, a adequada estruturação da sua disciplina legal deveria ter se pautado por extrema cautela, para que não suscitasse ainda mais dúvidas.

Infelizmente, parece ter faltado ao legislador de 2020 a disposição para destinar o cuidado merecido à matéria. O resultado do seu trabalho, naturalmente, é decepcionante.

4. O PLANO ALTERNATIVO DOS CREDORES: MECANISMO IMPORTANTE COM CUSTO-BENEFÍCIO PREOCUPANTE

Inseriu-se a disciplina sobre o plano alternativo dos credores, essencialmente, nos §§ 4º a 8º do art. 56 da LRF. Em primeiro lugar, destaca-se que, em regra, não se trata da atribuição de competência concorrente com aquela conferida ao devedor. Pelo contrário, ela só terá vez quando e se rejeitado pelo conclave de credores o plano apresentado pelo devedor.[28]

Com efeito, não sendo aprovado o plano pela coletividade creditícia, caberá ao administrador judicial, no ato, submeter à deliberação da assembleia geral a hipótese de concessão do prazo de 30 dias, para que os credores possam formular e apresentar seu plano de recuperação judicial (art. 56, § 4º). O quórum para aprovação de tal prazo será equivalente a mais da metade dos créditos presentes ao conclave (art. 56, § 5º), a

---

25. Sobre o tema, vide Carolina Soares João Batista, Paulo Fernando Campana Filho, Renata Yumi Miyazaki e Sheila C. Neder Cerezetti, A prevalência da vontade da assembleia-geral de credores em questão: o *cram down* e a apreciação judicial do plano aprovado por todas as classes, *RDM* 143 (2006), p. 202-242.
26. Luiz Fernando Valente de Paiva, *Necessárias alterações* cit., p. 155.
27. TJSP, processo 0013555-61.2012.8.26.0100, 2ª Vara de Falências e Recuperações Judiciais, Juiz prolator Paulo Furtado de Oliveira Filho, j. 04.11.2020, fls. 4.960-4.970.
28. Exceto na hipótese em que o plano alternativo seja apresentado como resposta à falta de deliberação acerca da proposta do devedor até o término do prazo de suspensão previsto no art. 6º, § 4º, da LRF, abordada adiante. Essa situação, no entanto, deve ser rara.

denotar que o "peso" dos credores mais expressivos – em tese, aqueles que mais têm a perder – nessa decisão se mostra elevado.

Para que o plano de recuperação judicial trazido pelos credores possa ser colocado em votação na assembleia geral de titulares de créditos designada para tanto, será necessário preencher, simultaneamente, alguns requisitos (art. 56, § 6º, I a VI). Primeiramente, não terem sido atendidas as premissas para incidência do art. 58, § 1º, da LRF. Embora possa parecer óbvio, já que a aprovação do plano segundo o quórum alternativo do *cram down* à brasileira não deixa de ser, também, uma aprovação, é importante evidenciar esse fato. Como a verificação acerca do preenchimento dos requisitos para aplicação do *cram down* pelo juízo da recuperação acontecerá posteriormente, esperar até sua ocorrência para, somente então, caso confirmada a rejeição do plano do devedor, submeter-se a concessão de prazo para juntada de plano alternativo à apreciação da assembleia geral não faria sentido, em termos de custo e demora. Ao mesmo tempo, é relevante assegurar que a mera aprovação da concessão desse prazo não impede a homologação do plano via art. 58, § 1º, da LRF (ou mesmo conforme o art. 45, a depender da circunstância).[29]

Além disso, o plano formulado pelos credores deverá observar os mesmos requisitos impostos ao plano do devedor, nos termos do art. 53, I, II e III, da LRF. Trata-se de exigência natural, considerando que a discriminação detalhada dos meios de recuperação a serem empregados, a demonstração da viabilidade econômica da proposta e o laudo econômico-financeiro e de avaliação dos bens e ativos do devedor são fundamentais àqueles que deverão decidir, de maneira informada, sobre o plano alternativo, os quais não necessariamente coincidirão com os proponentes do documento e sequer serão os únicos a sofrer os impactos do seu cumprimento. Vislumbra-se que os credores poderão ter dificuldades na obtenção de informações suficientes do devedor para a preparação de todos esses arquivos. O administrador judicial deve ter um papel significativo nesse tocante.

Será exigido, ainda, que o plano alternativo conte com o respaldo escrito de credores representando mais de 25% dos créditos totais sujeitos à recuperação judicial ou mais de 35% dos créditos detidos por credores presentes no conclave que deliberou pela concessão do prazo. Ao que tudo indica, isso servirá para demonstrar a seriedade da iniciativa e o seu largo amparo, de saída, na coletividade creditícia, evitando-se medidas isoladas ou, ao menos, fomentando-se algum nível de negociação prévia entre os credores.

O inciso IV do art. 56, § 6º, incluído na LRF, por seu turno, traz consigo uma exigência tão importante quanto complexa. Segundo sua redação, o plano alternativo não poderá imputar "(...) obrigações novas, não previstas em lei ou em contratos anteriormente celebrados, aos sócios do devedor".

Estando-se diante de situação em que o plano a ser executado pela recuperanda não foi desenvolvido pelo devedor e tampouco contou com sua anuência, não seria admissível que seus sócios sofressem responsabilização por atos decorrentes do cumprimento

---

29. Pode-se dizer o mesmo da hipótese de proposição do plano alternativo em virtude do término do prazo de suspensão do art. 6º, § 4º, da LRF sem deliberação sobre o plano do devedor, debatida adiante. Se ocorrer a aprovação da proposta do devedor mediante o quórum alternativo e ela tiver que concorrer com plano dos credores, entende-se que a formulação do devedor deverá prevalecer.

da proposta alternativa. O problema é que essa simples previsão legal dificilmente será suficiente para assegurar que os sócios não enfrentarão consequências patrimoniais negativas em razão do plano alternativo.

Ainda que a proposta dos credores possa acarretar a alteração do controle sobre a sociedade devedora, mediante capitalização dos créditos e autorizando-se na legislação concursal o exercício do direito de retirada pelo sócio do devedor (conforme o § 7º incluído no art. 56), tem-se que isso nem sempre ocorrerá. Em planos mais ortodoxos, versando sobre concessão de deságio da dívida e alongamento de prazo para seu adimplemento, por exemplo, não haverá modificação na participação detida pelos sócios na recuperanda. Nesse contexto, a sociedade em recuperação passará a exercer sua atividade em cumprimento a um plano com que não concordou. Ao operar nesses termos, não se pode negar que novas obrigações podem surgir e afetar a esfera patrimonial dos sócios, sendo que não necessariamente teriam nascido sob o plano rejeitado.

É notório que a limitação de responsabilidade das sociedades empresárias que a ostentariam costuma ser deixada de lado em parcela importante das disciplinas jurídicas que interagem com a sua atividade, a exemplo da trabalhista, da consumerista e da ambiental. Muitas vezes, por força de lei. Havendo o surgimento de obrigações dessa natureza após a aprovação do plano alternativo, em virtude do seu teor, o que pode garantir que não levarão à responsabilização dos sócios?

É verdade que algo semelhante ocorre quando se aplicam os arts. 64 e 65 da LRF, afastando-se o devedor e nomeando-se um gestor judicial, a quem pode competir, inclusive, a apresentação do plano de recuperação judicial.[30] No entanto, a despeito da similitude entre as situações, existe uma diferença fundamental entre elas: o afastamento, em regra, é aplicado como resposta à identificação de conduta irregular do devedor. Por meio dele, busca-se sanear a administração da recuperanda, de modo que possa superar suas dificuldades e operar regularmente no futuro. Não se pode equiparar essa circunstância com aquela em que o devedor simplesmente apresenta um plano cujo teor não seja acolhido pela assembleia geral de credores. Inexiste, neste caso, irregularidade.

Além disso, não se pode simplesmente ignorar, na elaboração do plano alternativo, a existência do regime societário, que persiste vigente durante a recuperação judicial.[31] Como defendido alhures, ao abordar a hipótese de proposição de plano recuperacional pelo gestor judicial, a previsão de determinados meios de recuperação com efeitos nas relações internas da sociedade, a exemplo daquele disposto no inciso II do art. 50 da LRF, demandará deliberação favorável dos sócios reunidos em reunião/assembleia, nos termos da legislação pertinente.[32]

Não se pode confundir a superação do veto do devedor com relação ao plano, no âmbito da recuperação judicial, com uma absoluta desconsideração do regramento societário e da competência dos órgãos sociais da recuperanda. Por isso mesmo, chega a ser duvidoso que o § 7º do art. 56 possa, sozinho, viabilizar o que afirma.

---

30. Gustavo Lacerda Franco, *A condução da sociedade em recuperação judicial* cit., p. 196-197.
31. Sheila C. Neder Cerezetti, *A Recuperação judicial de sociedade por ações* cit., p. 393.
32. Gustavo Lacerda Franco, *A condução da sociedade em recuperação judicial* cit., p. 196-197.

No cenário de apresentação do plano pelo gestor judicial, outrossim, deve-se levar em conta que ele está agindo como se fosse administrador da sociedade em recuperação judicial. No caso do plano alternativo, é diferente: simplesmente se aprova e homologa a proposta dos credores à revelia da recuperanda.

É de se questionar até mesmo se o amplamente reconhecido caráter negocial que se atribui ao plano recuperacional[33] persistirá nesse novo panorama. No *cram down* à brasileira, supera-se o veto de uma classe de credores, mas ainda existe a aprovação do plano em conformidade com quórum estabelecido em sede legal, observando-se a regra da maioria. Nele, portanto, permanece incólume a compreensão de que pode "(...) um ato colegial constituir uma manifestação de vontade que, por seu turno, concorrendo com a declaração de vontade da parte contrária, integra um contrato".[34]

Na homologação de plano alternativo, todavia, um dos polos do processo simplesmente não terá sua declaração de vontade considerada. O plano resultante da iniciativa da coletividade creditícia será, então, contrato ou acordo em sentido estrito[35] celebrado apenas entre credores? Ou uma "concordata às avessas", com a concessão de favor legal aos detentores de créditos? Sem dúvida, será necessário retomar os tradicionais debates acerca de sua natureza.[36]

Trata-se de indagação que foge ao escopo deste artigo e merece ser abordada em estudo específico, mas que não pode ser esquecida. Ainda que pareça livresco, o debate colocado pode ter relevantes efeitos práticos, por exemplo, no exame da ocorrência de abuso no exercício do direito de voto pelos credores ou na análise acerca da transposição de princípios contratuais à esfera concursal.[37]

Seja como for, reconhecendo-se que o plano formulado pelos credores, em certos casos, pode representar solução adequada à crise enfrentada, será preciso delinear formas de conciliar essa possibilidade com a ausência da imposição de novas dívidas aos sócios do devedor e com o atendimento ao regime societário. Isso se torna necessário, sobretudo, por se saber que as lições da visão economicista do direito das empresas em

---

33. Francisco Satiro, *Autonomia dos credores na aprovação do plano de recuperação judicial*. In: Rodrigo Rocha Monteiro de Castro, Walfrido Jorge Warde Júnior e Carolina Dias Tavares Guerreiro (Coord.). *Direito Empresarial e Outros Estudos de Direito em Homenagem ao Professor José Alexandre Tavares Guerreiro*, São Paulo, Quartier Latin, 2013, p. 101.
34. Tullio Ascarelli, *O contrato plurilateral*. In: Tullio Ascarelli, *Problemas das sociedades anônimas e direito comparado*, São Paulo, Saraiva, 1945, p. 278. Nesse trecho, o autor conceitua a hipótese de ato colegial a partir da situação em que uma pluralidade de manifestações de vontade corresponde a uma única parte, fundindo-se aquelas, por vezes, mediante o emprego da regra da maioria, justamente por se tratar de determinar, por meio do concurso de mais manifestações de vontade, qual é a vontade da "parte".
35. Tratando dos negócios jurídicos bilaterais ou plurilaterais, Emílio Betti aponta sua divisão entre duas categorias. Na primeira, os interesses em jogo seriam opostos ou divergentes entre si, atingindo-se no negócio a composição ou convergência do conflito ou concurso até então existente. Aqui estaria o contrato. Por outro lado, na segunda categoria, haveria interesses paralelos ou convergentes, os quais apresentariam uma finalidade comum que encontraria no negócio o meio para se realizar na prática. Tais seriam os acordos em sentido estrito (Emílio Betti, *Teoria Geral do Negócio Jurídico*, Trad. Fernando de Miranda, Coimbra, Coimbra, 1969, t. II, p. 196-209).
36. Vide, nesse sentido, as lições de Rubens Requião acerca da controvérsia relativa à natureza jurídica da então vigente concordata, que se resumia na existência de três diferentes grupos teóricos: a teoria contratual, a teoria processual e a teoria da obrigação legal (*Curso de Direito Falimentar*, 12. ed. São Paulo: Saraiva, 1990, p. 9-13).
37. Para considerações mais detalhadas sobre esses temas, vide Gustavo Lacerda Franco, *A natureza negocial do plano de recuperação judicial e o descumprimento das obrigações nele assumidas em tempos de pandemia: problema concursal com solução contratual?*, 2020, no prelo.

crise, no sentido de que os credores seriam os verdadeiros proprietários da organização empresarial em dificuldades,[38] não encontram respaldo no ordenamento jurídico brasileiro. Há barreiras jurídicas a essa compreensão, as quais não podem ser, simplesmente, objeto de abstração.

Um bom caminho poderia ser a alienação da totalidade da participação no capital social da recuperanda em caso de aprovação do plano alternativo desenvolvido pelos credores.[39] Essa opção certamente traria consigo complicações inerentes à avaliação do valor da participação a ser vendida. Outra preocupação decorrente dessa escolha estaria no tratamento a ser dispensado aos credores não sujeitos à recuperação judicial, a exemplo do fisco, inexistindo segurança acerca da possibilidade de incidência da ordem legal do art. 83 da LRF nessa verdadeira liquidação via plano de recuperação.[40] Isso não significa que ela deva ser prontamente descartada, estando-se perante questão que não comporta respostas rápidas e fáceis. Essa medida seria de *lege ferenda* ou poderia ser obtida pela via consensual com os sócios da recuperanda.

Embora, à primeira vista, a possibilidade de venda integral da devedora incluída no rol exemplificativo do art. 50 da LRF (inciso XVIII) se assemelhe ao mecanismo discutido, uma análise mais atenta revela que são instrumentos diferentes. Com efeito, na nova disciplina da venda integral da devedora, esta será considerada unidade produtiva isolada, afastando-se, a princípio, do regramento da alienação de participação societária. Diante disso, a vinculação dos sócios ao cumprimento do plano persistiria e o problema abordado não seria solucionado. Ademais, notando-se que o meio da venda integral não é expressamente autorizado pelo art. 56, como a capitalização dos créditos, afigura-se duvidosa até mesmo a possibilidade de sua previsão em plano alternativo.

O inciso V do art. 56, § 6º, por outro lado, estabelece exigência severa aos credores envolvidos na tentativa de aprovação do plano alternativo. Segundo sua redação, o plano deverá prever a "(...) isenção das garantias pessoais prestadas por pessoas naturais em relação aos créditos a serem novados e que sejam de titularidade dos credores mencionados no inciso III deste parágrafo ou daqueles que votarem favoravelmente ao plano de recuperação judicial apresentado pelos credores, não permitidas ressalvas de voto". Assim, os credores apoiadores do plano alternativo, seja por escrito em momento an-

---

38. Vide, nessa direção, Douglas G. Baird, A world without bankruptcy. *SPG Law & Contemporary Problems* 50 (1987), p. 192-193.
39. No sistema concursal argentino, implementou-se mecanismo com essa orientação, chamado "acuerdo por tercero" ou "salvataje". No *concurso preventivo*, não sendo o devedor bem-sucedido em obter um acordo com os credores, não se passa direto à quebra da empresa. Utilizando-se o instituto referido, publica-se edital aos interessados – credores ou não – na aquisição de 100% do capital social da *concursada*. Parâmetros de avaliação do negócio também são estabelecidos. Os sujeitos inscritos devem, então, formular propostas de acordo aos credores. Quem conseguir alcançar a concordância dos credores, conforme os termos legais, torna-se titular do capital social da sociedade (Ariel Ángel Dasso, *Derecho concursal comparado*, Buenos Aires, Legis Argentina, 2009, t. I, p. 117 e 133-135). A doutrina argentina não deixa de indicar, todavia, que o *salvataje* pode estimular credores dissidentes a tentarem obstar a homologação do acordo com a finalidade de adquirirem as ações do devedor (Francisco J. Camauer, La relación deudor-acreedor y la insolvência en el marco del nuevo Código Civil y Comercial. *Revista Código Civil y Comercial* 03 (2016), p. 250).
40. Note-se que essa preocupação já se aplicaria à hipótese de conversão da dívida em capital, com a retirada dos sócios, nos termos do § 7º que se colocou no art. 56 da LRF, e que tem sido manifestada em casos concretos ainda na vigência do texto legal original. Vide, por exemplo, TJSP, processo 1113802-23.2018.8.26.0100, 2ª Vara de Falências e Recuperações Judiciais, Juiz prolator Marcelo Barbosa Sacramone, j. 06.08.2020, fls. 39.626-39.635.

terior à votação, seja na própria votação, terão que abrir mão de garantias fidejussórias prestadas por pessoas naturais em seu favor com relação às obrigações que sofrerão novação recuperacional.

Por um lado, pode-se argumentar que essa exigência não faz sentido, por impor ônus exacerbado aos credores que já estarão se arriscando na iniciativa do plano alternativo e por confundir posições jurídicas que são distintas, indo em direção oposta à interpretação que se tem conferido em sede jurisprudencial à LRF.[41] Por outro lado, é verdade que a imposição desse critério poderá assegurar que os credores somente apoiarão propostas sérias, após profunda avaliação dos seus termos. Fato é que, em contexto no qual os credores sequer constituem comitês de credores para evitar assunção de maiores riscos sem contrapartidas equivalentes,[42] a necessidade de que renunciem às suas garantias pessoais desestimulará bastante o uso do plano alternativo.

Conforme o inciso VI do dispositivo, o último deles, será imprescindível que o plano alternativo não imponha ao devedor ou aos seus sócios um sacrifício maior do que aquele que enfrentariam na liquidação em sede falimentar. Aqui, novamente, faz-se presente a preocupação de não agravar a posição do devedor ou dos titulares de participação no seu capital social a partir do plano elaborado pelos credores. Do mesmo modo, as dificuldades relativas à avaliação do valor dessa participação e do próprio passivo devem tornar complexo o exame acerca do atendimento a esse requisito.

Como visto, o § 7º que se inseriu no art. 56 da LRF esclarece que o plano alternativo dos credores poderá prever "(...) a capitalização dos créditos, inclusive com a consequente alteração do controle da sociedade devedora, permitido o exercício do direito de retirada pelo sócio do devedor." Reiteram-se, nesse ponto, as considerações já tecidas sobre a interface com o regime societário e os cuidados relativos aos sócios da recuperanda.

Por fim, o § 8º do reformado art. 56 da LRF elucida que, não se utilizando a disciplina do plano alternativo estabelecida no dispositivo ou sendo rejeitado o plano dos credores, deverá ser convolada em falência a recuperação judicial. Disso se extrai que o plano dos credores será apreciado pela coletividade creditícia e examinado pelo juízo concursal normalmente, como se fosse o plano trazido aos autos pelo devedor. Tal entendimento é confirmado pela redação atribuída ao art. 58 e ao novo art. 58-A da LRF.[43]

Nesse ponto, é imprescindível esclarecer que "os credores" estão longe de ser uma categoria uníssona, com interesses dirigidos a um só propósito.[44] Pode-se cogitar, inclusive, da submissão de planos alternativos concorrentes por diferentes grupos de credores. Por isso, no controle judicial de legalidade sobre o plano alternativo, é muito importante que o juízo concursal avalie a regularidade do tratamento destinado a toda a coletividade creditícia, assegurando que a *par condicio creditorum* não seja violada.

---

41. Para crítica severa desta proposta, vide Marcelo Barbosa Sacramone e Fernanda Neves Piva, *O projeto de reforma da lei 11.101/05 e o plano alternativo*. Disponível em: https://migalhas.uol.com.br/coluna/insolvencia-em-foco/335854/o-projeto-de-reforma-da-lei-11-101-05-e-o-plano-alternativo. Acesso em: 22.11.2020.
42. João Pedro Scalzilli, Luis Felipe Spinelli e Rodrigo Tellechea, *Recuperação de empresas e falência* – Teoria e prática na lei 11.101/2005, São Paulo, Almedina, 2016, p. 176.
43. Também não há óbice à aplicação do art. 56-A para aprovação de plano alternativo, a despeito de mencionar somente a iniciativa do devedor. Trata-se de lapso do legislador.
44. Embora compartilhem, é claro, o interesse na satisfação dos seus créditos.

Igualmente, cumpre ressaltar que, segundo o texto do § 4º-A que se introduziu no art. 6º da LRF, o decurso do prazo de suspensão das execuções (180 dias, excepcionalmente prorrogável por igual período, nos termos do dispositivo reformado) sem deliberação a respeito do plano do devedor também enseja a propositura de plano alternativo pelos credores. E, desde que os credores apresentem seu plano no prazo de 30 dias após o final do *stay period* ou conforme o disposto no novo § 4º do art. 56,[45] usufruirão de outro período de suspensão de 180 dias, contados do final do prazo de suspensão anterior ou da realização da assembleia geral de credores referida no § 4º do art. 56 reformado.

Sabendo-se que, a essa altura do andamento do feito, os credores já devem ter amadurecido sua pretensão a partir do descontentamento com a proposta do devedor, é excessiva a previsão de novo período de suspensão tão alongado. Frequentemente, quanto mais demora a aprovação do plano recuperacional, mais se esvai a viabilidade do negócio que se busca reerguer, ao mesmo tempo em que tarda a satisfação dos interesses dos credores – muitos dos quais não estarão envolvidos na elaboração da proposta alternativa. Com isso, não se está defendendo que nenhum sobrestamento seria necessário, até porque, na ausência da medida, o negócio também poderia ser desmantelado durante a negociação do plano. O prazo estabelecido, todavia, deveria ser menor. Reputa-se que 60 dias seriam mais do que suficientes para tanto.

É esse o regramento legal aplicável ao plano alternativo dos credores, que somente poderá incidir nos processos iniciados depois de vigente a reforma da LRF (art. 5º, § 1º, I, da Lei 14.112/2020). Como se viu, os desafios intrínsecos da matéria não foram superados pelo texto examinado, que ainda acabou por criar novos problemas.

5. CONCLUSÃO

A permissão legal para que os credores apresentem plano de recuperação judicial alternativo, em caso de rejeição da proposta do devedor, ampara-se em apelos doutrinários existentes desde o surgimento da LRF e pode ser positiva em alguns casos.

Por exemplo, se não houver perspectiva de uma liquidação produtiva em termos de geração de valor e se vislumbrar na manutenção do negócio em operação uma chance de melhor satisfação dos interesses abarcados na atividade empresarial em crise,[46] o mecanismo poderá, em tese, ser adequadamente empregado. Nesse panorama, existindo resistência do devedor ao acolhimento de pretensões legítimas dos credores, poderão eles avaliar a pertinência de formular plano recuperacional próprio, em detrimento da vontade daquele. Também em outros cenários de recalcitrância do devedor que possa levar a recuperanda à quebra, em prejuízo dos demais interessados na sua atividade, a homologação de plano alternativo poderá consistir em solução razoável.

Isso não significa dizer que essa possibilidade deve ganhar ampla aplicação na prática, o que é mais desafiador e complexo. De maneira geral, a mera ideia do cumpri-

---

45. A redação do dispositivo é bastante imprecisa nesse tocante.
46. Hipótese cuja existência é reconhecida mesmo por autores que são críticos notórios dos mecanismos de reorganização empresarial (Douglas G. Baird e Robert K. Rasmussen, The end of bankruptcy. *Stanf. L. Rev.* 55 (2002), p. 788).

mento de plano alternativo dos credores pela recuperanda, ao mesmo tempo em que se mantivesse o devedor na sua condução e não se afetasse a participação dos sócios em seu capital social, já acarretaria dificuldades para evitar interferência indevida no regime societário e para não impor novas obrigações aos sócios. E a reforma da LRF nesse ponto, além de não fornecer resposta suficiente a tais problemas, ainda criou outros, como a imposição da exigência de liberação das garantias pessoais prestadas por pessoas físicas em favor dos credores apoiadores do plano alternativo.

Somando-se tais fatores, entende-se que os riscos e ônus envolvidos na proposição do plano alternativo serão excessivos para os credores.[47] Por outro lado, espera-se que a previsão dessa hipótese em sede legal não desestimule os devedores a buscarem a recuperação judicial prontamente, assim que identificada crise superável em sua atividade.[48] Esse seria um enorme retrocesso.

Muito provavelmente, a grande utilidade do plano alternativo, na prática, será um aumento do poder de barganha dos credores na negociação com o devedor, já que terão outro caminho a trilhar em vez da aprovação de uma proposta absolutamente insatisfatória deste apenas para evitar sua falência. Ocorre que, para muitos credores, essa opção poderá ser ainda menos desejável do que a quebra. Será questão de tempo para que os devedores percebam isso. O pensamento de que "algo deve mudar para que tudo continue como está" nunca fez tanto sentido.

6. REFERÊNCIAS

ASCARELLI, Tullio. O contrato plurilateral. In: ASCARELLI, Tullio. *Problemas das sociedades anônimas e direito comparado*. São Paulo: Saraiva, 1945.

AZAR, Ziad Raymond. Bankruptcy policy: a review and critique of bankruptcy statutes and practices in fifty countries worldwide. *Cardozo J. Int'l & Comp. L.* 16 (2008).

BAIRD, Douglas G. e RASMUSSEN, Robert K. The end of bankruptcy. *Stanf. L. Rev.* 55 (2002).

AZAR, Ziad Raymond. A world without bankruptcy. *SPG Law & Contemporary Problems* 50 (1987).

BATISTA, Carolina Soares João; CAMPANA FILHO, Paulo Fernando; MIYAZAKI, Renata Yumi e NEDER CEREZETTI, Sheila C. A prevalência da vontade da assembleia-geral de credores em questão: o *cram down* e a apreciação judicial do plano aprovado por todas as classes. *RDM* 143 (2006).

BECUE, Sabrina Maria Fadel. *Insolvência transnacional: as contribuições que a Lei Modelo da UNCITRAL pode proporcionar para o Brasil*. Tese (Doutorado) – Faculdade de Direito da Universidade de São Paulo, São Paulo, 2018.

BETTI, Emilio. *Teoria Geral do Negócio Jurídico*. Trad. Fernando de Miranda. Coimbra: Coimbra Ed., 1969. t. II.

---

47. Também no direito concursal americano, ao se tratar do período de exclusividade do devedor para propor o plano de reorganização e da suposta ineficiência que ele traria ao processo, menciona-se a apatia dos credores como um problema a ser enfrentado (Karen Gross e Patricia Redmond. In defense of debtor exclusivity: assessing four of the 1994 amendments to the bankruptcy code. *Am. Bankr. L. J.* 69 (1995), p. 287-310).
48. E, tampouco, que ocasione abusos, em casos excepcionais nos quais os credores busquem barrar proposta do devedor somente visando à sua posterior aquisição via plano alternativo.

CAMAUER, Francisco J. La relación deudor-acreedor y la insolvência en el marco del nuevo Código Civil y Comercial. *Revista Código Civil y Comercial* 03 (2016).

CAMPANA FILHO, Paulo Fernando; BATISTA, Carolina Soares João; MIYAZAKI, Renata Yumi e NEDER CEREZETTI, Sheila C. A prevalência da vontade da assembeia-geral de credores em questão: o *cram down* e a apreciação judicial do plano aprovado por todas as classes. *RDM* 143 (2006.

CAMPANA FILHO, Paulo Fernando e FELSBERG, Thomas Benes. A recuperação judicial de sociedades sediadas no exterior: as lições da experiência estrangeira e os desenvolvimentos no Brasil. In: MAFFIOLETTI, Emanuelle Urbano e CEREZETTI, Sheila C. Neder (Coord.). *Dez anos da Lei 11.101/2005* – Estudos sobre a Lei de recuperação e falência. São Paulo: Almedina, 2015.

COELHO, Fábio Ulhoa. *Comentários à Lei de Falências e de Recuperação de Empresas*. 9. ed. São Paulo: Saraiva, 2013.

COMPARATO, Fábio Konder. *Aspectos Jurídicos da Macro-Emprêsa*. São Paulo: Ed. RT, 1970.

DASSO, Ariel Ángel. *Derecho concursal comparado*. Buenos Aires: Legis Argentina, 2009. t. I.

DIAS, Leonardo Adriano Ribeiro. *Financiamento na Recuperação Judicial e na Falência*. São Paulo: Quartier Latin, 2014.

FELSBERG, Thomas Benes e CAMPANA FILHO, Paulo Fernando. A recuperação judicial de sociedades sediadas no exterior: as lições da experiência estrangeira e os desenvolvimentos no Brasil. In: MAFFIOLETTI, Emanuelle Urbano e CEREZETTI, Sheila C. Neder (Coord.). *Dez anos da Lei 11.101/2005* – Estudos sobre a Lei de recuperação e falência. São Paulo: Almedina, 2015.

FLESSNER, Axel e McBryde, William W. Principles of european insolvency law and general commentary. In: MCBRYDE, William W.; FLESSNER, Axel e KORTMANN, Sebastianus Constantinus Johannes Josephus (Coord.). *Principles of european insolvency law*. Deventer: Kluwer Legal Publishers, 2003.

GROSS, Karen e REDMOND, Patricia. In defense of debtor exclusivity: assessing four of the 1994 amendments to the bankruptcy code. *Am. Bankr. L. J.* 69 (1995).

LACERDA FRANCO, Gustavo. *A condução da sociedade em recuperação judicial*: análise da solução brasileira à luz dos modelos globais e dos seus pressupostos, Dissertação (Mestrado) – Faculdade de Direito da Universidade de São Paulo, São Paulo, 2018.

LACERDA FRANCO, Gustavo. *A natureza negocial do plano de recuperação judicial e o descumprimento das obrigações nele assumidas em tempos de pandemia: problema concursal com solução contratual?* 2020, no prelo.

LACERDA FRANCO, Gustavo. *O controle judicial sobre o plano de recuperação na doutrina e na jurisprudência do TJSP e do STJ*: uma análise à luz do dualismo pendular de Fábio Konder Comparato. Tese de Láurea (Graduação) – Faculdade de Direito da Universidade de São Paulo, São Paulo, 2014.

McBryde, William W. e Flessner, Axel. Principles of european insolvency law and general commentary. In: MCBRYDE, William W.; FLESSNER, Axel e KORTMANN, Sebastianus Constantinus Johannes Josephus (Coord.). *Principles of european insolvency law*. Deventer: Kluwer Legal Publishers, 2003.

MIYAZAKI, Renata Yumi; CAMPANA FILHO, Paulo Fernando; BATISTA, Carolina Soares João e NEDER CEREZETTI, Sheila C. A prevalência da vontade da assembleia-geral de credores em questão: o *cram down* e a apreciação judicial do plano aprovado por todas as classes. *RDM* 143 (2006.

MUNHOZ, Eduardo Secchi. Anotações sobre os limites do poder jurisdicional na apreciação do plano de recuperação judicial. *Revista de Direito Bancário e do Mercado de Capitais* 36 (2007).

MUNHOZ, Eduardo Secchi. Comentários ao Capítulo III, Seção IV da Lei 11.101/2005. In: SOUZA JUNIOR, Francisco Satiro de e PITOMBO, Antônio Sérgio Altieri de Moraes (Coord.). *Comentários* à *Lei de Recuperação de Empresas e Falência* – Lei 11.101/2005 – Artigo por Artigo. 2. ed. São Paulo: Ed. RT, 2007.

MUNHOZ, Eduardo Secchi. Financiamento e investimento na recuperação judicial. In: MAFFIOLETTI, Emanuelle Urbano e CEREZETTI, Sheila C. Neder (Coord.). *Dez anos da Lei 11.101/2005* – Estudos sobre a Lei de recuperação e falência. São Paulo: Almedina, 2015.

NEDER CEREZETTI, Sheila C. Grupos de sociedades e recuperação judicial: o indispensável encontro entre direitos societário, processual e concursal. In: YARSHELL, Flávio Luiz e PEREIRA, Guilherme Setoguti J. (Coord.). *Processo Societário*. São Paulo: Quartier Latin, 2015. v. II.

NEDER CEREZETTI, Sheila C.; MIYAZAKI, Renata Yumi; CAMPANA FILHO, Paulo Fernando e BATISTA, Carolina Soares João. A prevalência da vontade da assembleia-geral de credores em questão: o *cram down* e a apreciação judicial do plano aprovado por todas as classes. RDM 143 (2006.

NEDER CEREZETTI, Sheila C. *A recuperação judicial de sociedade por ações* – O princípio da preservação da empresa na Lei de recuperação e falência. São Paulo: Malheiros, 2012.

NEDER CEREZETTI, Sheila C. e SATIRO, Francisco. A silenciosa "consolidação" da consolidação substancial – Resultados de pesquisa empírica sobre recuperação judicial de grupos empresariais. *Revista do Advogado* 131 (2016).

PAIVA, Luiz Fernando Valente de. Necessárias alterações no sistema falimentar brasileiro. In: MAFFIO-LETTI, Emanuelle Urbano e CEREZETTI, Sheila C. Neder (Coord.). *Dez anos da Lei 11.101/2005* – Estudos sobre a Lei de recuperação e falência. São Paulo: Almedina, 2015.

PIVA, Fernanda Neves e SACRAMONE, Marcelo Barbosa. *O projeto de reforma da Lei 11.101/05 e o plano alternativo*. Disponível em: https://migalhas.uol.com.br/coluna/insolvencia-em-foco/335854/o-projeto-de-reforma-da-lei-11-101-05-e-o-plano-alternativo. Acesso em: 22.11.2020.

RASMUSSEN, Robert K. e BAIRD, Douglas G. The end of bankruptcy. *Stanf. L. Rev.* 55 (2002).

REDMOND, Patricia e GROSS, Karen. In defense of debtor exclusivity: assessing four of the 1994 amendments to the bankruptcy code. *Am. Bankr. L. J.* 69 (1995), 0.

REQUIÃO, Rubens. *Curso de Direito Falimentar*. 12. ed. São Paulo: Saraiva, 1990. v. II.

ROTEM, Yaad. Contemplating a corporate governance model for bankruptcy reorganizations: lessons from Canada. *Va. L. & Bus. Rev.* 3 (2008).

SACRAMONE, Marcelo Barbosa. *Comentários à Lei de Recuperação de Empresas e Falência*. São Paulo: Saraiva, 2018.

SACRAMONE, Marcelo Barbosa e PIVA, Fernanda Neves. *O projeto de reforma da Lei 11.101/05 e o plano alternativo*. Disponível em: https://migalhas.uol.com.br/coluna/insolvencia-em-foco/335854/o-projeto-de-reforma-da-lei-11-101-05-e-o-plano-alternativo. Acesso em: 22.11.2020.

SATIRO, Francisco. Autonomia dos credores na aprovação do plano de recuperação judicial. In: CASTRO, Rodrigo Rocha Monteiro de; WARDE JÚNIOR, Walfrido Jorge e GUERREIRO, Carolina Dias Tavares (Coord.). *Direito Empresarial e Outros Estudos de Direito em Homenagem ao Professor José Alexandre Tavares Guerreiro*. São Paulo: Quartier Latin, 2013.

SATIRO, Francisco e NEDER CEREZETTI, Sheila C. A silenciosa "consolidação" da consolidação substancial – Resultados de pesquisa empírica sobre recuperação judicial de grupos empresariais. *Revista do Advogado* 131 (2016.

Scalzilli, João Pedro; Tellechea, Rodrigo e Spinelli, Luis Felipe. *Recuperação de empresas e falência* – Teoria e prática na lei 11.101/2005. São Paulo: Almedina, 2016.

Spinelli, Luis Felipe; Scalzilli, João Pedro e Tellechea, Rodrigo. *Recuperação de empresas e falência* – Teoria e prática na lei 11.101/2005. São Paulo: Almedina, 2016.

SZTAJN, Rachel. Comentários ao Capítulo III, Seção III da Lei 11.101/2005. In: SOUZA JUNIOR, Francisco Satiro de e PITOMBO, Antônio Sérgio Altieri de Moraes (Coord.). *Comentários à Lei de Recuperação de Empresas e Falência* – Lei 11.101/2005 – Artigo por Artigo. 2. ed. São Paulo: Ed. RT, 2007.

TEBET, Ramez, *Parecer 534*, de 2004, da Comissão de Assuntos Econômicos do Senado, *Diário do Senado Federal*, 10 de junho de 2004.

Tellechea, Rodrigo; Spinelli, Luis Felipe e Scalzilli, João Pedro. *Recuperação de empresas e falência* – Teoria e prática na Lei 11.101/2005. São Paulo: Almedina, 2016.

UNCITRAL. *Legislative Guide on Insolvency Law*, New York, United Nations, 2005.

WARREN, Elizabeth. Bankruptcy policymaking in an imperfect world. *Mich. L. Rev.* 92 (1993-1994).

WESTBROOK, Jay Lawrence. The globalisation of insolvency reform. *N. Z. L. Rev.* (1999).

7. JULGADOS REFERIDOS

TJSP, Agravo de Instrumento 2050662-70.2019.8.26.0000, 1ª Câmara Reservada de Direito Empresarial, Rel. Des. Cesar Ciampolini, j. 07.08.2019.

TJSP, Agravo de Instrumento 2165440-24.2017.8.26.0000, 2ª Câmara Reservada de Direito Empresarial, Rel. Des. Alexandre Marcondes, j. 12.11.2018.

TJSP, processo 0013555-61.2012.8.26.0100, 2ª Vara de Falências e Recuperações Judiciais, Juiz prolator Paulo Furtado de Oliveira Filho, j. 04.11.2020, fls. 4.960-4.970.

TJSP, processo 1113802-23.2018.8.26.0100, 2ª Vara de Falências e Recuperações Judiciais, Juiz prolator Marcelo Barbosa Sacramone, j. 06.08.2020, fls. 39.626-39.635.

A ASSEMBLEIA GERAL DE CREDORES EM XEQUE

Osana Maria da Rocha Mendonça

Membro da INSOL, Membro do International Institution of Insolvency, e Membro do Conselho de Administração do TMA, com registros na OAB e CRC, Sócia líder de Solvency Strategies. Advogada e contadora técnica, responsável técnica como Administradora Judicial pela KPMG Corporate Finance. omendonca@kpmg.com.br

Maria Fabiana Seoane Dominguez Sant'Ana

Mestre em Direito Comercial pela Pontifícia Universidade Católica de São Paulo (PUC/SP) e Doutoranda em Direito Comercial pela Faculdade de Direito da USP (FADUSP). Membro da IWIRC, do TMA e da Comissão de Direito Falimentar do IASP. Advogada. Sócia do escritório Portugal Gouvêa e Sant'Ana Advogados, responsável pela área de Insolvência e Contencioso Cível. maria.santana@pglaw.com.br

Neste artigo analisamos o disposto nos artigos 39 a 45 da Lei 11.101/2005, com as alterações introduzidas pela Lei 14.112/2020.

Art. 39. (...)

A Lei 14.112/2020 não alterou o *caput* do artigo 39 que prevê regras de votação na Assembleia Geral de Credores (AGC), estabelecendo uma ordem de preferência da "lista de credores" que deverá ser utilizada para fins de AGC: (i) Quadro Geral de Credores; (ii) Relação de Credores elaborada pelo administrador judicial; ou (iii) relação de credores apresentada pela devedora. O *caput* prevê também que os credores que estiverem habilitados ou tenham seus créditos admitidos ou alterados por decisão judicial antes da realização da AGC, inclusive os que tenham reserva de importância, devem ser considerados seja qual for a "lista de credores" adotada, tendo direito a voto no conclave.

A manutenção do *caput* do artigo 39 é importante, pois a sua redação possibilita a participação do maior número de credores na assembleia. Se o objetivo da Lei 11.101/05 é proporcionar a superação da crise econômico-financeira por meio de acordo coletivo entre credores e devedor, incentivando a participação ativa daqueles, assim, quanto mais credores aptos a participar do ato assemblear, maiores as chances de a vontade da maioria prevalecer.

Os §§ 1º, 2º e 3º do referido artigo 39 tampouco foram alterados, mantendo-se as seguintes regras: (i) exclusão dos credores listados nos §§3º e 4º do art. 49 para fins de instalação e deliberações em AGC; (ii) impossibilidade de invalidação das deliberações assembleares caso haja posterior decisão judicial que altere a existência, quantificação e classificação dos créditos; (iii) eventual invalidação das deliberações assembleares não prejudicará o direito de terceiros de boa-fé, ficando os credores sujeitos a responsabilização dos prejuízos comprovados, se agiram com culpa ou dolo no momento da deliberação.

§ 4º Qualquer deliberação prevista nesta Lei, para ocorrer por meio de assembleia geral de credores, poderá ser substituída, com idênticos efeitos, por:

I – termo de adesão firmado por tantos credores quantos satisfaçam o quórum de aprovação específico, nos termos estabelecidos no art. 45-A;

A inclusão deste dispositivo legal confere aos credores a possibilidade de voto por escrito, sem comparecimento à AGC, o que é confirmado pela redação do art. 45-A, abaixo.

No entanto, peca o legislador ao adotar procedimento similar ao da aprovação do plano de recuperação extrajudicial, já que o termo de adesão poderá surtirá efeitos somente se o devedor obtiver êxito em conseguir o apoio de credores que satisfaçam o quórum de aprovação.

A prevalecer tal entendimento, o devedor irá despender tempo e esforços de seus colaboradores e assessores, aumentando seus custos e comprometendo o seu fluxo de caixa, já prejudicado, na busca dos termos de adesão, correndo o risco de todo o trabalho dispendido não ser utilizado pelo fato de não ter conseguido adesões necessárias para atingir o quórum de aprovação e evitar a assembleia.

Neste caso, se não for possível dispensar a realização da AGC, surgem outras dúvidas: poderão os termos de adesão obtidos ser utilizados para fins de apuração do quórum de instalação e votação do conclave, possibilitando uma votação "mista"? Se se entender que sim, haverá requisitos mínimos para a utilização desses termos de adesão na AGC? Ainda, poderá o credor ser obrigado a assinar um termo de adesão irrevogável ou ele sempre poderia comparecer à AGC e votar em sentido contrário à adesão?

Pensamos que a resposta para a primeira questão deve ser positiva, podendo a devedora utilizar os termos de adesão que conseguiu angariar com seus credores, o que evitaria que se jogasse por terra todo o trabalho por ela desenvolvido. No entanto, caso o credor desejasse mudar seu voto, ele poderia fazê-lo até que a votação fosse efetivamente iniciada na AGC, a não ser que o termo fosse irrevogável e irretratável. Neste caso, para anular o termo, o credor deveria comprovar que houve algum vício de consentimento no momento da assinatura do documento, nos termos do Código Civil.

Por outro lado, com relação aos requisitos mínimos para eventual aproveitamento dos termos de adesão, também não existe previsão legal.

A princípio, um requisito poderia ser a ausência de qualquer alteração nas deliberações da AGC que diminuísse de qualquer forma o direito dos credores aderentes, como supressão de suas garantias sem expressa autorização no termo de adesão, ou diminuição dos seus recebimentos para redistribuição aos demais credores. Ainda, no caso de votação dos nomes do gestor judicial ou de constituição do Comitê de Credores, a alteração dos nomes indicados previamente que basearam a assinatura dos referidos termos.

Para o aproveitamento do termo de adesão, ele deve conter as condições de pagamento da classe de credor que o assinou, e, não havendo alteração nas condições de pagamento do plano de recuperação apresentado pelo devedor, o termo de adesão poderia ser computado como voto na Assembleia. Talvez esta tenha sido a intenção do legislador, de evitar que credores compareçam a várias reuniões e assembleias que são suspensas e não se resolvem num primeiro momento.

É fato que desde a criação da Lei 11.101/05 muitas Assembleias de Credores foram suspensas e retomadas por diversas vezes, para discussão de cláusulas que envolvem normalmente apenas as Classes II e III, não alterando por exemplo as condições propostas paras as Classes I (trabalhista) e IV (micro e pequenas empresas), principalmente a classe trabalhista que deve obedecer o parâmetro do art. 54 da Lei. Era comum observar a reclamação desses credores que sempre retornavam a assembleias novamente suspensas, sem haver alteração que lhes interessasse, ou seja, muitos assumiam custos de locomoção e perda de dia de trabalho de forma totalmente desnecessária.

Certamente o uso do termo de adesão poderá evitar a necessidade de estes credores estarem presente a cada retomada de Assembleia, quando de fato não terão suas condições de pagamento alteradas.

O §5º deste artigo (abaixo) previu que caberá ao Administrador Judicial fiscalizar a regularidade das deliberações tomadas por termo de adesão, emitindo parecer sobre sua regularidade, porém sem a definição de elementos e requisitos mínimos de validade do documento, recairá sobre o Administrador Judicial a obrigação de conferir a veracidade de seus termos, a ausência de eventuais vícios de consentimento por parte dos credores e outras possíveis condutas fraudulentas que maculem o documento, aumentando seu trabalho.

O Administrador Judicial poderá exigir informações e dados que devem conter no termo de adesão, incluindo-se, mas não se limitando, por exemplo, a autenticação de assinatura para credores trabalhistas, procurações com poderes específicos quando assinados por advogados, especificação de cláusulas e condições de pagamento do plano de recuperação, inserção de quais folhas do processo está a versão do plano aceito no termo de adesão, visto que muitas vezes os planos de pagamento são aditados, enfim há muitas variáveis que devem ser previstas e especificadas no termo de adesão. Também silenciou a Lei em determinar o prazo para que o Administrador Judicial receba todos os termos de adesão para análise e cômputo do resultado final.

Ademais, caso se conclua que, em determinado caso concreto, os termos de adesão não poderão ser utilizados para substituir o voto dos credores por qualquer razão ou que o quórum de aprovação da deliberação não foi atingido pelos termos de adesão, será necessário convocar uma nova assembleia (designar as datas de 1ª e 2ª convocações, publicar edital com, no mínimo, 15 dias de antecedência), causando maior atraso no andamento da recuperação judicial, o que não favorece nenhum dos envolvidos.

A Assembleia Geral de Credores é um dos momentos cruciais de um processo de recuperação judicial, palco de diversos debates e esclarecimentos sobre o plano de recuperação judicial e outros assuntos de interesse dos credores e da devedora. Assim, apesar não ser necessário incluir ritos excessivamente formais para sua realização, a realização da AGC não deveria ser descartada porque é medida essencial aos direitos dos credores, e muitas vezes momentos de mediação entre os interesses do devedor e dos credores.

Todos estes fatores abrem caminho para a insegurança jurídica, o que poderá dificultar a aplicação concreta desse dispositivo nas recuperações judiciais.

II – votação realizada por meio de sistema eletrônico que reproduza as condições de tomada de voto da assembleia geral de credores; ou

O inciso II prevê de forma genérica a utilização de sistema eletrônico em substituição a uma Assembleia de Credores presencial, o que parece ser a opção mais acertada e segue a linha de modernização que já foi adotada nas assembleias de acionistas, de acordo com a Instrução nº 622 editada pela Comissão de Valores Mobiliários (CVM) no dia 17 de abril de 2020.

O inciso II busca regulamentar uma prática que passou a ser aplicada em razão da pandemia do CODIV-19, que forçou a realização de Assembleias de Credores em ambiente virtual, como por exemplo, mediante videoconferência ao vivo em diferentes localidades. Diversas ferramentas virtuais se desenvolveram nesse período para atender as necessidades dessa nova demanda e não permitir a completa paralisação do andamento das recuperações judiciais. Além disso, a Corregedoria Geral de Justiça de São Paulo, proativamente, emitiu um comunicado descriminando as condições mínimas para operacionalização das Assembleias Virtuais e cômputo dos votos de forma remota, com o objetivo de padronizar o procedimento das AGCs em ambiente virtual.[1]

Destaque-se que a realização de assembleias virtuais tem o condão de aumentar a participação de credores que, por questões de custo e/ou tempo de locomoção, estariam impossibilitados de participar da assembleia presencial. De fato, a AGC virtual facilita a participação de credores que não residem na mesma comarca em que a recuperação judicial se processa, pois basta acessarem a plataforma digital para proferirem seu voto. Outro fator positivo é a redução dos custos envolvidos na realização da AGC, já que a assembleia virtual dispensa a locação de espaços, contratação de equipamentos de som e filmagem, seguranças etc., trazendo economia para o devedor.

Estes aspectos positivos puderam ser vistos em algumas assembleias realizadas durante a pandemia COVID-19, como no caso da Renuka do Brasil S.A., que aprovou seu plano de recuperação judicial em AGC realizada virtualmente no dia 15.05.2020,[2] e da Renova Energia S.A., cuja aprovação do plano também se deu em assembleia virtual realizada no dia 18.12.2020.[3] Essas e outras AGCs mostraram as possibilidades de adaptação para as realizações das assembleias virtuais, não só para o cômputo dos votos, mas também possibilitou debates sobre os pontos que necessitavam ser esclarecidos entre devedor e credores, e ajustes do plano para acomodar o interesse da maioria presente. Com a adoção dos procedimentos estabelecidos pela Corregedoria Geral da Justiça de São Paulo, as assembleias virtuais ocorreram de forma segura e com transparência, para todas as partes envolvidas.

A análise de conveniência e oportunidade para a designação da AGC por meio eletrônico compete ao juiz que conduz o processo de recuperação judicial, devendo o Administrador Judicial fornecer ao magistrado os subsídios necessários quanto à presen-

---

1. Comunicado CG 809/2020 (Processo 2020/76446), de 24.08.2020.
2. Autos n. 1099671-48.2015.8.26.0100, em trâmite perante a 1ª Vara de Falências e Recuperações Judiciais da Comarca de São Paulo/SP.
3. Autos n. 1103257-54.2019.8.26.0100, em trâmite perante a 2ª Vara de Falências e Recuperações Judiciais da Comarca de São Paulo/SP.

ça de elementos que ensejem sua realização nesse formato, bem como demonstrar que as condições de tomada de voto da assembleia presencial serão, tanto quanto possível, reproduzidas no ambiente virtual.

Alguns cuidados devem ser tomados a fim de se garantir a transparência e higidez do ato. De início, a decisão judicial que convoca a AGC deverá contemplar a determinação expressa para que seja realizada de forma virtual, já indicando qual a plataforma digital será utilizada e o procedimento que deverá ser seguido sob a fiscalização do Administrador Judicial.

Outrossim, mostra-se essencial que a plataforma digital escolhida para a assembleia permita a ampla negociação entre a devedora e seus credores, garantindo a estes o direito de voz e voto. A plataforma deve ainda oferecer proteção contra crimes virtuais, mantendo as senhas dos usuários criptografadas e sendo protegida por certificado de segurança que garanta a confidencialidade e preservação dos dados transmitidos na reunião assemblear.

Novas opções tecnológicas surgem diariamente e é salutar adequar o procedimento da recuperação judicial a essa evolução. Contudo, caberá ao magistrado e ao Administrador Judicial, no caso concreto, analisar a pertinência da realização da Assembleia de Credores exclusivamente pelo meio digital, considerando-se o grau de dificuldade dos credores em terem acesso ao meio virtual, principalmente os credores das Classes I (trabalhista) e IV (micro e pequenas empresas).

Será necessário um período de maturação dessa novidade, sendo possível que, diante das peculiaridades de determinado caso, a Assembleia Geral de Credores seja realizada de forma híbrida, com participação tanto virtual como presencial.

> III – outro mecanismo reputado suficientemente seguro pelo juiz.

A inserção de uma terceira via a ser apreciada pelo juiz é importante e aumenta a eficiência do procedimento recuperacional e falimentar. No entanto, o legislador não estabeleceu as condições mínimas para a segurança, o que na prática provavelmente se mostrará de reduzida utilidade.

> § 5º As deliberações nos formatos previstos no § 4º deste artigo serão fiscalizadas pelo administrador judicial, que emitirá parecer sobre sua regularidade, previamente à sua homologação judicial, inclusive no caso de concessão ou não da recuperação judicial.

Este dispositivo não parece trazer grandes dúvidas na aplicação dos incisos II e III do §4º, acima analisados, pois fiscalizar as deliberações ocorridas em Assembleia de Credores virtual e/ou por meio de qualquer outro mecanismo de votação previamente estabelecido judicialmente não parece gerar problemas.

Porém, no que se refere ao inciso I, que estabelece a possibilidade de apresentação de termos de adesão assinados pelos credores para substituir a votação da AGC, o §5º acima merece atenção, uma vez que a ausência de requisitos mínimos do que venha a ser um termo de adesão e quais informações deve ele contar para ser reputado válido traz insegurança jurídica aos envolvidos na recuperação judicial, pois imputa ao Administrador Judicial a obrigação de analisar os documentos recebidos, conferindo sua regularidade e a ausência de vícios de consentimento que possam macular sua validade, como erro, coação ou fraude.

Evidente que se espera que o Administrador Judicial haja com cuidado e diligência, até porque o art. 32 da Lei 11.101/2005 prevê sua responsabilização pelos prejuízos causados à massa falida, ao devedor ou aos credores por dolo ou culpa.[4] Trata-se, portanto, de responsabilidade subjetiva, em que é necessário provar o dano, a conduta do Administrador Judicial e nexo causal.

Nessa linha, eventual omissão, negligência ou falta de cuidado do Administrador Judicial ao analisar a regularidade dos termos de adesão assinados pelos credores poderá ocasionar sua responsabilidade pessoal caso gerem prejuízo à devedora e/ou à coletividade de credores.

Assim, sem os devidos parâmetros previamente estabelecidos em lei, uma forma de incentivar a utilização desse novo mecanismo seria a necessidade de se apresentar nos autos uma minuta do termo de adesão ou de se estabelecer antecipadamente os requisitos que deveriam constar no documento para que fosse admitido como voto, sendo essa minuta ou requisitos homologados pelo juiz. Destaque-se que é bastante comum que a devedora apresente com seu plano de recuperação judicial determinadas minutas de contratos, termos de quitação, adesão etc., a depender das cláusulas do plano de recuperação judicial, como a cláusula de credor colaborador/parceiro ou cláusula de amortização acelerada.

Pensamos que o termo de adesão deveria conter, ao menos, os dados do credor, valor e classificação de seu crédito, expressa menção ao plano de recuperação judicial a que está aderindo, com indicação das folhas em que conta no processo (até porque, muitas vezes, diversas são as minutas de planos juntadas aos autos), e expressa menção à cláusula de pagamento.

Outros elementos e requisitos específicos deverão ser apurados caso a caso, com a atuação conjunta da devedora, juiz, Administrador Judicial e credores, de forma a dar a devida transparência e publicidade ao ato, possibilitando uma fiscalização mais ágil pelo Administrador Judicial e evitando impugnações ou objeções por outros credores, que somente retardariam o andamento da recuperação judicial. Por exemplo, no edital de publicação do Plano deveria conter prazo para apresentação a apreciação do Administrador Judicial dos Termos de Adesão, informações mínimas que devem conter no Termo de Adesão, condições necessárias para validar o Termo de Adesão, procuração, assinatura com firma reconhecida, cláusulas essenciais do plano que estão sendo aprovadas no termo, tais como condições de pagamento, a classe a que pertence o credor signatário e outras cláusulas que afetam todos os credores, por exemplo, a relativa à venda de UPI.

Tais requisitos e elementos já teriam sido apesentados nos autos e homologados pelo juiz, dando-se a devida transparência e publicidade aos interessados e possibilitando a fiscalização dos termos de adesão pelo Administrador Judicial.

---

4. Entende-se por dolo na recuperação judicial e falência a atuação com conhecimento e vontade na realização daquilo que se pratica, agravando a situação falimentar; já a culpa é tida como uma falha de cuidado anormal (RAMOS, Maria Elisabete Gomes. *A insolvência da sociedade e a responsabilização dos administradores no ordenamento jurídico português*. Prima Facie. ano 4, n. 7, jul/dez 2010).

§ 6º O voto será exercido pelo credor no seu interesse e de acordo com o seu juízo de conveniência e poderá ser declarado nulo por abusividade somente quando manifestamente exercido para obter vantagem ilícita para si ou para outrem.

O voto é o mecanismo primordial de defesa dos direitos e interesses dos credores nos processos de recuperação judicial. Segundo Gabriel Saad Kik Buschinelli,[5] o credor deve expressar sua *"preocupação honesta e leal com a satisfação de seu crédito"* ao proferir seu voto.

Apesar disso, tornou-se relativamente comum na prática a desconsideração de votos de credores dissidentes quando este é decisivo para a aprovação ou não do plano de recuperação judicial.

De acordo com Gabriel Saad Kik Buschinelli, o abuso do direito de voto pode decorrer de uma conduta ativa do credor, de persecução de interesse estranho à comunhão de interesses dos credores, ou com a adoção de comportamento obstrutivo que seja prejudicial à comunhão de credores, sem fundamento legítimo.[6]

Nos 15 (quinze) anos de aplicação da Lei 11.101/2005, é possível apontar que a jurisprudência afastou o voto contrário a planos de recuperação judicial por abusividade quando (i) verificada a intenção do credor dominante (ou único) de extrair benefícios exclusivos para si; (ii) o credor concorrente proferiu voto com intuito de prejudicar o devedor; (iii) o voto foi lançado de modo injustificado; e (iv) o credor manifestou seu objetivo de cobrar seu crédito diretamente dos devedores solidários.[7]

É neste contexto que o §6º foi inserido no art. 39, tendo como objetivo deixar expresso que o voto será exercido pelo credor no seu interesse e de acordo com o seu juízo de conveniência. Assim, via de regra, os planos de recuperação judicial podem ser legitimamente rejeitados pelos credores, principalmente quando eles não vislumbrarem a capacidade de soerguimento da devedora, não podendo seu voto ser desconsiderado apenas porque o resultado da votação não foi favorável à recuperanda.

Entretanto, a inserção do referido §6º parece não surtir os efeitos práticos desejados pelo legislador, haja vista a ausência de definição do que viria a ser interesse do credor e seu juízo de conveniência, bem como pelo fato de não ser possível aferir as intenções de foro íntimo de um credor ao proferir seu voto, nem seu interesse e juízo de conveniência.

Ademais, a prova de existência do motivo *"obter vantagem ilícita para si ou para outrem"* é de difícil produção na prática, não havendo parâmetros para sua definição, o que torna o dispositivo de difícil utilidade.

A Assembleia Geral de Credores é um negócio jurídico e como tal deve observar os pressupostos de validade previstos no Código Civil sob pena de ser declarado nulo. O Código Civil, nos artigos 166 a 184, trata da invalidade do negócio jurídico e, nos artigos 186 e 187, regula os atos ilícitos. Portanto, "como todo direito, o direito de voto

---

5. BUSCHINELLI, Gabriel Saad Kik. *Abuso do direito de voto na assembleia geral de credores*. São Paulo: Quartier Latin, 2014, p. 74.
6. BUSCHINELLI, Gabriel Saad Kik. *Abuso do direito de voto na assembleia geral de credores*. São Paulo: Quartier Latin, 2014, p. 107.
7. SCALZILI, João Pedro, SPINELLI, Luis Felipe, TELLECHEA, Rodrigo. *Recuperação de empresas e falência: teoria e prática na Lei 11.101/2005*. 3. ed. rev., atual. e ampl. São Paulo: Almedina, 2018. p. 470-472.

em Assembleia não é absoluto. Não se deve admitir, em nenhuma esfera, que o exercício de um direito se dê de forma abusiva, frustrando o próprio objetivo da norma que o estabeleceu. Sob esse fundamento, o Código Civil de 2020 consagrou o instituto do abuso de direito ao dispor, no art. 187, que comente ato ilícito o titular de um direito que, ao exercê-lo, excede manifestamente os limites impostos pelo seu fim econômico ou social, pela boa-fé ou elos bons costumes"[8]

Tendo em vista a aplicação subsidiária do Código Civil às disposições da Lei 11.101/05, parece ser desnecessária a previsão específica de situações de abuso de voto. Outro ponto relevante é que a apresentação de um rol exaustivo para configurar situações de abuso de voto não atenderá os casos práticos, isso porque, a configuração de abuso de voto é aferida caso a caso, por meio da análise do conjunto de evidências produzidas no processo e no momento da assembleia.

Portanto, se mostra mais efetiva a utilização subsidiária do Código Civil, sendo desnecessária a previsão específica de rol exaustivo de situações que configuram abuso do direito de voto.

> § 7º A cessão ou a promessa de cessão do crédito habilitado deverá ser imediatamente comunicada ao juízo da recuperação judicial.

O §7º apresenta disposição que visa estabelecer urgência na informação da cessão de crédito, porém é vago na definição do termo "imediatamente", além de não prever se será necessário comprovar a referida cessão contabilmente ou se bastará a mera comunicação ao Administrador Judicial.

Ademais, quando determina o legislador que até mesmo a promessa de cessão de crédito deverá ser informada, pode-se incorrer no risco de travar operações negociais financeiras e/ou forçar a quebra de cláusulas de confidencialidade estabelecidas pelas partes.

É fato que em outros países com uma lei de insolvência mais madura, a negociação de créditos de insolventes, os chamados *"special situation"*, *"non perform loan"* ou *"distress situation"*, abrange negociações bilaterais de volatilidade com créditos de empresas em recuperação judicial ou falência, procedimento bastante comum.

Nesta esteira, a mudança pretendida pelo legislador brasileiro não colabora com o aumento deste mercado investidor no Brasil, mas sim dificulta seu desenvolvimento ao determinar a necessidade de informação de promessa de cessão de crédito, que podem nem vir a se efetivar.

Ainda, sendo certo que as deliberações da Assembleia Geral de Credores poderão ser substituídas por termos de adesão, seria cabível exigir que os credores que assinassem os referidos termos fizessem uma declaração no sentido de que seu crédito não foi cedido e/ou prometem não cedê-lo. Isso porque há de se garantir que a cessão de crédito não configure, na verdade, o pagamento do crédito sujeito à recuperação judicial com o intuito de manipular os resultados da AGC. Isto é, o credor recebe seu crédito ou parte

---

8. SACRAMONE, Marcelo Barbosa. *Comentários à Lei de Recuperação de Empresas e Falências*. São Paulo: Saraiva Educação, 2018. p. 171.

dele antecipadamente sob a condição de efetuar a "cessão" deste crédito a terceiro, muitas vezes ligado a própria recuperanda. Esta prática, vale lembrar, configura crime de favorecimento de credores, previsto no art. 172 da Lei 11.101/2005.

Destarte, a fim de evitar que expedientes fraudulentos como o descrito acima sejam utilizados pelas partes e garantir a lisura do procedimento, é prudente exigir que o termo de adesão assinado por determinado credor contenha declaração expressa de que seu crédito não foi cedido e/ou promete não cedê-lo, sob pena de configuração do crime previsto no art. 172 da Lei 11.101/2005.

De outro lado, a AGC reflete a situação do crédito no momento da sua execução, ou seja, o crédito pode ser cedido em momento posterior à realização de uma assembleia. Assim é importante que ao informar a cessão de crédito ao Administrador Judicial, também lhe seja entregue o contrato de cessão e os documentos societários das partes envolvidas, para que o Administrador Judicial possa fazer a análise correta e devida, quem detém poderes para representar as partes envolvidas, eventual conflito de interesse, valor do crédito cedido e valor negociado sobre o valor de face do crédito.

Os artigos 40 a 44 não sofreram alterações pela Lei 14.112/2020.

Art. 45. .(...).

(...)

Art. 45-A. As deliberações de assembleia geral de credores previstas nesta Lei poderão ser substituídas caso seja comprovada a adesão de credores que representem mais da metade do valor dos créditos sujeitos à recuperação judicial, *observadas as exceções previstas nesta Lei.*

A redação do artigo 45-A abre a possibilidade de o resultado da Assembleia Geral de Credores ser substituído por documento de adesão assinado pelos credores. Assim como já discutido sobre o *§4º inciso I do artigo 39,* este mecanismo de votação gera inúmeras dúvidas, principalmente diante da ausência de especificação dos requisitos mínimos que tais termos deveriam conter.

Além disso, destaque-se que o artigo dispõe que a deliberação possa ser substituída por termo de adesão firmado por credores "que representem mais da metade do valor dos créditos sujeitos à recuperação judicial", alterando o quórum previsto no art. 45, que prevê a aprovação por mais de metade dos credores presentes na AGC. Assim, caso o devedor opte por substituir a assembleia por termos de adesão, o quórum de aprovação da respectiva deliberação será maior do que o quórum necessário caso a AGC seja realizada.

Caso o devedor não obtenha as adesões necessárias e a Assembleia de Credores tenha que ser realizada, algumas dúvidas podem surgir: os termos de adesão até então obtidos poderão ser utilizados na AGC, exonerando os respectivos credores de comparecer ao ato? Em caso positivo, o quórum de aprovação será apurado pelos credores presentes na AGC ou pelos credores sujeitos à recuperação judicial? Caso se entenda que será pelos presentes na assembleia, como fica a situação se os termos de adesão forem suficientes para aprovar a deliberação pretendida considerando apenas os credores presentes? Ainda, seria possível convocar a AGC apenas para deliberação de uma classe de credores, se nas demais houver termos de adesão suficientes para a aprovação da deliberação?

As dúvidas acima levantadas não são de fácil solução e terão que ser tratadas pela jurisprudência. Não obstante, em observância ao princípio da economia e celeridade processual, pensamos que deve ser possibilitada a utilização dos termos de adesão obtidos pelo devedor, mesmo que não tenha sido possível dispensar a AGC. Desta forma, seu trabalho de obtenção dos referidos termos não terá sido em vão e os credores que já afirmaram sua concordância quanto ao plano não precisarão comparecer ao conclave.

Neste caso, porém, o quórum de aprovação deverá ser apurado com base nos créditos totais sujeitos à recuperação judicial, conforme determina art. 45-A, e não apenas nos credores presentes. Isso evitaria que a AGC fosse convocada pela ausência de termos de adesão suficientes para ser, na sequência, dispensada em razão do atingimento do quórum de aprovação apenas com base nos credores presentes.

Por exemplo: em uma recuperação judicial, há 3 (três) credores detentores de garantia real (Classe II), um com R$ 300,00 de crédito e os outros 2 (dois) com R$ 350,00 cada um, totalizando R$ 1.000,00. Na classe III, há 9 (nove) credores, cada um com R$ 100,00 de crédito, em um total de R$ 900,00:

Classificação	Número de Credores	Valor Total de Créditos
Classe II	3	R$ 1.000,00
Classe III	9	R$ 900,00

Neste universo, o devedor consegue obter os seguintes termos de adesão:

(i) Classe II: 1 (um) credor – valor do crédito R$ 300,00

(ii) Classe III: 6 (seis) credores – valor dos créditos R$ 600,00

Como os termos de adesão não foram suficientes para aprovação do plano na Classe II, haverá necessidade de convocação da AGC. Caso se admita a utilização dos termos de adesão já obtidos, pensamos que os credores da Classe III não precisam comparecer à assembleia, já que a maioria dos créditos totais foi atingida, tanto por valor como por cabeça. Neste caso também, o credor aderente da Classe II não precisaria comparecer na AGC, mantendo sua adesão. Comparecendo os 2 (dois) outros credores da Classe II na AGC e havendo voto favorável de apenas um deles, o plano estaria aprovado, pois foi atingida a maioria pelo valor do crédito (R$ 650,00) e "por cabeça" (2 credores).

Se o intuito do legislador era gerar celeridade e diminuir os custos envolvidos em um processo de recuperação, em vez de prever a possibilidade de dispensa da AGC, teria sido mais efetivo ao estimular cada vez mais a sua realização de forma virtual, conforme comentado anteriormente.

Destarte, diante das dúvidas lançadas, parece que a previsão do *caput* do art. 45-A será de difícil aplicação prática, ao menos no início da vigência da Lei n. 14.112/2020, demandando esforço doutrinário e jurisprudencial para que se possa dar a necessária segurança jurídica aos envolvidos.

§ 1º Nos termos do art. 56-A desta Lei, as deliberações sobre o plano de recuperação judicial poderão ser substituídas por documento que satisfaça o disposto no artigo 45 desta Lei.

O dispositivo em questão prevê a possibilidade de substituição da Assembleia Geral de Credores até para as deliberações do plano de recuperação judicial, ressalvando apenas que, para sua aprovação, o quórum a ser considerado é o previsto no art. 45, ou seja, aprovação por cabeça nas Classes I (trabalhista) e IV (ME/EPPs) e aprovação por cabeça e por valor de crédito nas Classes II (garantia real) e III (quirografários).

Vale novamente observar que a votação realizada por termo de adesão é realizada com base em todos os créditos sujeitos à recuperação judicial, e não apenas dos credores presentes em assembleia, uma vez que esta será inicialmente suspensa, nos termos do art. 56-A.

Não se tem aqui o interesse de defender ou não a realização de uma AGC, porém é certo que este ato tem grande relevância nos processos concursais, pois é o local e o momento em que, de fato, se permite a reunião, coordenação e negociação entre o devedor e os diversos credores.[9]

O questionamento que se tem aqui é em relação aos procedimentos que visam garantir o poder de voto, a correta representatividade dos credores e os requisitos do termo de adesão para sua validade.

É fato que os operadores do direito que carregam experiências nestes últimos 15 (quinze) anos de vigência da Lei 11.101/05, buscarão manter a prática que garanta a correta representatividade e o poder de voto dos credores, mas o que ocorrerá em lugares sem tanta prática no tema, nos quais não há varas especializadas?

Apenas as decisões judiciais poderão acomodar e alinhar a criatividade. Pois onde há omissão para se requerer o mínimo necessário, encontra-se espaço amplo para as ideias e acomodações do que antes não se permitia.

> § 2º As deliberações sobre a constituição do Comitê de Credores poderão ser substituídas por documento que comprove a adesão da maioria dos créditos de cada conjunto de credores previsto no artigo 26 desta Lei.

Aqui o legislador foi prudente e respeitou o critério de consolidação de voto já previsto no art. 26 desta lei e foi além, permitindo a constituição do Comitê a qualquer momento, desde que apresentem os termos de adesão da maioria dos credores da classe interessada.

Não obstante, é fato que nos 15 (quinze) anos da Lei n. 11.101/2005, em raríssimas situações houve a aprovação de um Comitê de Credores, razão pela qual poderia o projeto ter buscado inovações para incentivar sua criação, já que o Comitê possui importante papel (teórico) de representação dos credores nos processos concursais. No entanto, este ponto não foi objeto de revisão pelo legislador nesta alteração.

> § 3º As deliberações sobre a forma alternativa de realização do ativo na falência, nos termos do art. 145 desta Lei, poderão ser substituídas por documento que comprove a adesão de credores que representam 2/3 (dois terços) dos créditos.

Este dispositivo será objeto de comentário em outro artigo, oportunamente.

---

9. COSTA, Daniel Carnio. MELO, Alexandre Correa Nasser de. *Comentários à Lei de Recuperação de Empresas e Falência*. Curitiba: Juruá, 2021, p. 124.

§ 4º As deliberações no formato previsto neste artigo serão fiscalizadas pelo administrador judicial, que emitirá parecer sobre sua regularidade, com oitiva do Ministério Público, previamente à sua homologação judicial, inclusive no caso de concessão ou não da recuperação judicial.

Fiscalizar pressupõe a existência de modelos e/ou definições, de requisitos e elementos, que devem ser comparados para se apontar sua aderência ou não. As alterações do artigo 45 não definem o formato esperado da demonstração do termo de adesão, deixando a cargo do administrador judicial a obrigação de conferir sua regularidade, eventual ocorrência de vícios de consentimento por parte dos credores e outras possíveis condutas fraudulentas que poderiam macular o documento.

É certo que o legislador especificou em vários artigos alterados a participação do Administrador Judicial e do Ministério Público, buscando assim uma maior fiscalização e transparência nas informações durante o processo judicial de recuperação e falência. Neste caso, seria salutar que tivesse previsto, ao menos, alguns elementos e requisitos básicos para tais documentos.

Não o tendo feito, caberá ao juiz ou ao próprio administrador judicial, com homologação judicial, estabelecer requisitos objetivos que devem ser observados pelas partes para que o termo de adesão tenha validade e eficácia. Além disso, o administrador judicial deverá exigir a observância das mesmas obrigações de participação dos credores em AGC, como a comprovação de poderes de quem assinou o termo.

A jurisprudência que virá a surgir dos grandes centros judiciais que concentram a maioria da geração econômica do país estabelecerá as melhores práticas, que provavelmente serão seguidas pelos demais centros do país.

COMENTÁRIOS AOS ARTIGOS 51 A 54 DA LEI 11.101/2005

Joice Ruiz Bernier

Mestre em Direito Comercial pela Faculdade de Direito da Universidade de São Paulo, membro e conselheira do TMA Brasil – Turnaround Management Association do Brasil; membro do IBR – Instituto Brasileiro de Estudos de Recuperação de Empresas, do INSOL (International Association of Restructuring, Insolvency & Bankruptcy Professionals); e da Comissão Permanente de Direito Falimentar e Recuperacional do Instituto dos Advogados de São Paulo – IASP. É professora e coordenadora do curso Administrador Judicial do TMA Brasil. Advogada e administradora judicial.

Aline Turco

É graduada pela Universidade Estadual de Londrina, especialista em Direito e Processo Penal (Universidade Estadual de Londrina), pós-graduada em Direito Empresarial (Pontifícia Universidade Católica de São Paulo). Advogada e administradora judicial.

Seção II
Do Pedido e do Processamento da Recuperação Judicial

O objetivo da seção II da Lei 11.101/2005 (LREF) é tratar de questões formais e de processamento do pedido de recuperação judicial, notadamente exigências direcionadas à devedora que, ora com viés objetivo, ora assumindo caráter subjetivo, são cruciais ao atingimento da finalidade precípua do instituto recuperacional, pois permitirão aos credores a análise da crise econômico-financeira que culminou no pedido de recuperação judicial, bem como das reais condições para o soerguimento pretendido, que devem guardar correlação com o discurso da devedora e com o plano de recuperação a ser apresentado.

Daí porque sua importância não se limita à mera instrução do pedido de recuperação judicial, compreendendo o âmago da pretensão da devedora, que deve demonstrar de forma ampla que ele faz jus ao deferimento do processamento do pedido, narrando os fatos do cotidiano comercial do negócio que culminaram no cenário adverso e trazendo documentos técnicos específicos que, por sua vez, devem refletir aquilo que é relatado.

A assimetria informacional, sempre fonte de desequilíbrio entre credores e devedora, justifica o nível de detalhamento que se verifica no art. 51 da LREF e a necessidade da reforma neste ponto da Lei. A Lei 14.112/2020 deu não somente novos contornos a esse detalhamento: o art. 51 sofreu o acréscimo de dois incisos e dois parágrafos (incisos X e XI e parágrafos 4º e 5º), além de alterações nos seus incisos II, III e IX, enquanto que o art. 52 sofreu alterações nos seus incisos II e V.

Houve, ainda, a inclusão do art. 51-A, que positivou a utilização da perícia prévia (agora constatação prévia, de acordo com o texto legal), regulamentando a prática que vinha sendo determinada de forma ampla e, muitas vezes, indiscriminada nos processos de recuperação judicial.

Art. 51. A petição inicial de recuperação judicial será instruída com:

I – a exposição das causas concretas da situação patrimonial do devedor e das razões da crise econômico-financeira;

II – as demonstrações contábeis relativas aos 3 (três) últimos exercícios sociais e as levantadas especialmente para instruir o pedido, confeccionadas com estrita observância da legislação societária aplicável e compostas obrigatoriamente de:

a) balanço patrimonial;

b) demonstração de resultados acumulados;

c) demonstração do resultado desde o último exercício social;

d) relatório gerencial de fluxo de caixa e de sua projeção;

e) descrição das sociedades de grupo societário, de fato ou de direito;

III – a relação nominal completa dos credores, sujeitos ou não à recuperação judicial, inclusive aqueles por obrigação de fazer ou de dar, com a indicação do endereço físico e eletrônico de cada um, a natureza, conforme estabelecido nos arts. 83 e 84 desta Lei, e o valor atualizado do crédito, com a discriminação de sua origem, e o regime dos vencimentos;

IV – a relação integral dos empregados, em que constem as respectivas funções, salários, indenizações e outras parcelas a que têm direito, com o correspondente mês de competência, e a discriminação dos valores pendentes de pagamento;

V – certidão de regularidade do devedor no Registro Público de Empresas, o ato constitutivo atualizado e as atas de nomeação dos atuais administradores;

VI – a relação dos bens particulares dos sócios controladores e dos administradores do devedor;

VII – os extratos atualizados das contas bancárias do devedor e de suas eventuais aplicações financeiras de qualquer modalidade, inclusive em fundos de investimento ou em bolsas de valores, emitidos pelas respectivas instituições financeiras;

VIII – certidões dos cartórios de protestos situados na comarca do domicílio ou sede do devedor e naquelas onde possui filial;

IX – a relação, subscrita pelo devedor, de todas as ações judiciais e procedimentos arbitrais em que este figure como parte, inclusive as de natureza trabalhista, com a estimativa dos respectivos valores demandados;

X – o relatório detalhado do passivo fiscal; e

XI – a relação de bens e direitos integrantes do ativo não circulante, incluídos aqueles não sujeitos à recuperação judicial, acompanhada dos negócios jurídicos celebrados com os credores de que trata o § 3º do art. 49 desta Lei.

§ 1º Os documentos de escrituração contábil e demais relatórios auxiliares, na forma e no suporte previstos em lei, permanecerão à disposição do juízo, do administrador judicial e, mediante autorização judicial, de qualquer interessado.

§ 2º Com relação à exigência prevista no inciso II do caput deste artigo, as microempresas e empresas de pequeno porte poderão apresentar livros e escrituração contábil simplificados nos termos da legislação específica.

§ 3º O juiz poderá determinar o depósito em cartório dos documentos a que se referem os §§ 1º e 2º deste artigo ou de cópia destes.

§ 4º Na hipótese de o ajuizamento da recuperação judicial ocorrer antes da data final de entrega do balanço correspondente ao exercício anterior, o devedor apresentará balanço prévio e juntará o balanço definitivo no prazo da lei societária aplicável.

§ 5º O valor da causa corresponderá ao montante total dos créditos sujeitos à recuperação judicial.

§ 6º Em relação ao período de que trata o § 3º do art. 48 desta Lei:

I – a exposição referida no inciso I do caput deste artigo deverá comprovar a crise de insolvência, caracterizada pela insuficiência de recursos financeiros ou patrimoniais com liquidez suficiente para saldar suas dívidas;

II – os requisitos do inciso II do caput deste artigo serão substituídos pelos documentos mencionados no § 3º do art. 48 desta Lei relativos aos últimos 2 (dois) anos.

O art. 51 trata dos requisitos a serem atendidos na petição inicial da devedora, além daqueles previstos no Código de Processo Civil, quanto à forma e quanto aos documentos informativos que corroborem a sua exposição. Por disposição legal expressa no inciso I, a devedora deve detalhar, no corpo da petição inicial, a causa de pedir com a "a exposição das causas da situação patrimonial da devedora e das razões da crise econômico-financeira". É recorrente que tais "razões da crise econômico-financeira" sejam atribuídas a circunstâncias multifatoriais: o evento A deu causa ao evento B, os quais, em conjunto, deram início a uma crise específica interna, potencializada por uma crise de ordem externa, política, econômica, sanitária etc. Todos esses fatores devem estar diretamente relacionados, não bastando mera menção a respeito de circunstâncias macroeconômicas.

Note-se que embora a lei exija a exposição detalhada da causa de pedir, a consistência de suas informações não será aferida pelo juízo recuperacional ao deferir ou não o pedido da recuperação judicial. A análise caberá somente à comunidade de credores, à luz do plano de recuperação judicial que deverá ser oportunamente apresentado e submetido para deliberação.

O discurso contido na causa de pedir poderá ser verificado por meio da documentação contábil da devedora. Desse raciocínio subtrai-se a lógica da exigência contida no inciso II do art. 51: as demonstrações contábeis dos três últimos exercícios e aquelas levantadas especialmente para instruir o pedido devem permitir a análise comparativa com períodos anteriores, quando a saúde financeira da devedora não se encontrava com o comprometimento que motivou o pedido de recuperação judicial.

É salutar que as demonstrações contábeis obedeçam a um padrão não só principiológico e normativo – princípios contábeis geralmente aceitos e normas contábeis vigentes – mas também organizacional, de modo que as premissas contidas nos dados contábeis e respectivas consolidações obedeçam aos mesmos critérios e padrões, permitindo a comparação e análise acurada para que se obtenha a fotografia fidedigna de "antes e depois".

Embora a lei determine que referidas demonstrações contábeis devam ser feitas "com estrita observância da legislação societária aplicável", não existe menção a respeito do regramento a ser obedecido pelas sociedades no Código Civil ou na Lei das Sociedades Anônimas (Lei nº 6404/76), já que indica somente que devem ser seguidos os princípios da contabilidade, pelo que se denota que seria esse o padrão esperado. [1]

A importância da apresentação do balanço patrimonial, como determinado na alínea *a* do art. 51, dispensa maiores comentários, uma vez que se trata da demonstração que retrata a relação entre direitos e obrigações da sociedade de maneira consolidada (ativos

---

1. SACRAMONE, Marcelo Barbosa. *Comentários à Lei de Recuperação de Empresas e Falência*. São Paulo: Saraiva Educação, 2018, p. 232.

e passivos) e seu respectivo patrimônio líquido, como resultado extraído dos registros contábeis rotineiros.[2]

É curiosa a exigência inserta na alínea *b* do art. 51, relativa à "demonstração de resultados acumulados", pois embora as demais referências contidas no inciso II se refiram a demonstrações conhecidas do cotidiano empresarial (balanço patrimonial, demonstração do resultado do exercício e relatório de fluxo de caixa) – com exceção à alínea *e* ora inserida com a Lei 14.112/20 – a nomenclatura da alínea *b* é desconhecida do dia a dia da contabilidade, imprecisão não eliminada com as alterações promovidas pela recente reforma da Lei.

A melhor interpretação para atendimento a essa exigência corresponde à demonstração contábil denominada Demonstração das Mutações do Patrimônio Líquido – DMPL, que traz toda a variação que ocorre no Patrimônio Líquido da sociedade incluindo, além do resultado, as variações patrimoniais no capital, reservas, ajustes de períodos anteriores etc.

A alínea *c* trata da demonstração do resultado, indicando que esta deve ser apresentada "desde o último exercício social". Uma vez que já consta do *caput* a exigência do documento para os três últimos exercícios, seria mais adequado houvesse referência expressa quanto ao início do exercício corrente até a data do pedido de recuperação judicial,[3] mais uma imprecisão não atacada pela recente reforma.

Já a alínea *d* se refere a um dado de extrema relevância para a compreensão do aspecto da liquidez da devedora, imprescindível à avaliação do seu potencial de reerguimento, pois retrata todo o seu fluxo financeiro (entradas e saídas de recursos em dinheiro, consistentes em recebimentos e pagamentos). Sua projeção permite avaliar eventual crise de liquidez de maior gravidade a ponto de impactar de forma imediata nas obrigações correntes e, por sua vez, no bom funcionamento das atividades, em que pese as entradas refletirem mera expectativa, o que não ocorre em relação às saídas, cuja projeção tem bases concretas, de acordo com as obrigações correntes a serem cumpridas pela devedora.

Por não se tratar de uma demonstração contábil, como o próprio texto legal expressa, mas sim um relatório gerencial, tem-se aí mais uma imprecisão não reparada na recente reforma.

Todo esse acervo documental contábil fomenta a análise do contexto econômico-financeiro da devedora pelos credores, que também dará suporte aos relatórios mensais do administrador judicial (art. 22, II, *c*, LREF).

Ainda quanto à documentação contábil exigida, o par. 2º do art. 51 permite às microempresas e empresas de pequeno porte a apresentação de livros e escrituração contábil simplificados.

O termo "simplificados" utilizado na LREF tem origem nas exigências de escrituração contábil às quais essas sociedades estão obrigadas, conforme prevê o art. 27 da Lei Complementar 123/2006: "as microempresas e empresas de pequeno porte optantes

---

2. COMITÊ DE PRONUNCIAMENTOS CONTÁBEIS. Pronunciamento Técnico CPC 00 (R2). Disponível em: http://www.cpc.org.br/CPC/Documentos-Emitidos/Pronunciamentos. Acesso em: 28.11.2021.
3. SZTAJN, Rachel. *Comentários à Lei de recuperação de empresas e falência*: Lei 11.101/2005. Coordenação Francisco Satiro de Souza Junior, Antônio Sergio A. de Moraes Pitombo. São Paulo: Ed. RT, 2005, p. 251.

pelo Simples Nacional poderão, opcionalmente, adotar contabilidade simplificada para os registros e controles das operações realizadas, conforme regulamentação do Comitê Gestor,"[4] sendo obrigatória a escrituração do livro-caixa (art. 26 da Lei Complementar 123/2006), sem prejuízo das exigências aplicáveis a depender da atividade desenvolvida, bem como da contabilidade gerencial eventualmente existente, que igualmente fomentarão a instrução da petição inicial.

A alínea e do art. 51, fruto das alterações advindas da recente reforma (Lei 14.112/20), determina à devedora a apresentação da descrição das sociedades de grupo societário, de fato ou de direito, em nítida incompatibilidade contextual, já que inserida juntamente com as demonstrações financeiras exigidas.

Ademais, para as hipóteses de litisconsórcio ativo, seja na consolidação processual, seja na consolidação processual, além da necessária descrição de todas as devedoras, a petição inicial deverá ser instruída com a exposição da situação patrimonial e da crise, assim como das demonstrações contábeis, nos termos dos inc. I e II, respectivamente, a fim de viabilizar a compreensão das especificidades operacionais, financeiras e gerenciais de cada um delas.

Merece atenção a falta de precisão do legislador quando do tratamento do litisconsórcio ativo na Lei, de maneira ampla, ora dispondo sobre grupo societário, ora sobre grupo econômico. Embora para fins de consolidação processual, a lei fale em "grupo societário" (art. 69-G), da mesma forma disposta no inciso II do art. 51 ora analisado, o art. 69-J amplia o número possível de postulantes à recuperação judicial ao tratar da possibilidade de consolidação substancial de devedoras do mesmo "grupo econômico". Caberá à jurisprudência pacificar a questão e, na hipótese de se admitir a recuperação judicial para sociedades integrantes de grupo econômico, a interpretação dada ao comando existente na alínea e também deverá compreender essa possibilidade.

A Lei 14.112/2020 alterou o texto anterior do inciso III do art. 51: a relação nominal dos credores a ser apresentada deve ser completa, incluindo também os créditos não sujeitos à recuperação judicial. Todos os créditos devem ser relacionados pela natureza, na ordem estabelecida nos arts. 83 e 84 da Lei, com os respectivos valores atualizados, com a discriminação de sua origem e o regime de vencimentos.

Tal alteração, apesar de pequena, é extremamente bem-vinda. Ela permite aos credores o acesso de forma mais objetiva e clara do endividamento da devedora, a partir do que poderão avaliar tanto as perspectivas de soerguimento quanto o cenário falimentar.

Em que pese o entendimento já consolidado antes da recente alteração pela necessidade de apresentação do passivo global,[5] verificava-se na prática a juntada somente da relação de créditos sujeitos, culminando na necessidade de solicitação dessas informações pelo administrador judicial, que nem sempre era prontamente atendida. A atual previsão legal prestigia o acesso a essa elementar informação pelos credores de forma

---

4. COMITÊ GESTOR DO SIMPLES NACIONAL. Resolução CGSN 140, de 22 de maio de 2018. Publicada no Diário Oficial da União de 24.05.2018, seção 1, página 20. Disponível em: http://normas.receita.fazenda.gov.br/sijut2consulta/link.action?idAto=92218.
5. SACRAMONE, op. cit., p. 234.

rápida e eficaz, mediante a apresentação direta e imediata pela devedora, diminuindo, assim, a assimetria de informações.

Além da indicação de endereço físico dos credores, agora o inciso III do artigo aqui tratado também exige a apresentação de seus endereços eletrônicos. Com efeito, o envio de cartas aos credores por meio dos correios pelo administrador judicial (art. 22, I, *a*) não mais se justifica, sendo certo que a comunicação via *e-mail*, sem dúvida, atenderá a celeridade e a economia processual, norteadoras dos procedimentos de recuperação judicial e falência, além de poupar a devedora de desembolsos desnecessários com os custos de postagem de correspondências.

Conforme determina o inciso IV do art. 51, a petição inicial deve ser instruída também com a relação integral de empregados, aqui entendidos somente os celetistas, sem incluir os prestadores de serviços. Nela devem ser informados função, salários, indenizações e quaisquer outros valores a que tenham direito, indicando, se houver, os valores pendentes de pagamento e respectivas datas de vencimento.

Verifica-se de forma recorrente pedidos de sigilo a respeito desse documento por parte da devedora nas recuperações judiciais, com o objetivo de resguardar o direito desses empregados e também de resguardar a si, porquanto são informações estratégicas com potencial de causarem relevantes impactos institucionais internos, de relacionamento e de mercado. Há posicionamentos recentes na corte paulista pelo deferimento do sigilo exclusivamente a terceiros estranhos ao processo, devendo ser franqueado o acesso aos credores.[6]

O inc. V do art. 51 determina a apresentação da certidão de regularidade da devedora no Registro Público de Empresas, o ato constitutivo atualizado (ou seja, contrato ou estatuto social com suas alterações) e as atas de nomeação dos atuais administradores.

A obrigatoriedade de apresentação da relação dos bens particulares dos sócios controladores e dos administradores da devedora foi mantida no inciso VI, não obstante as críticas existentes desde a edição da lei, em face da quebra de sigilo bancário e fiscal e da inobservância da autonomia da personalidade jurídica. Embora não haja entendimento pacificado, o Tribunal de Justiça de São Paulo tem decidido pela manutenção da exigência, decretando-se o sigilo a tais documentos, quando requerido, somente para a publicidade externa (terceiros estranhos ao processo), permitindo o acesso de todos que estiverem habilitados na recuperação judicial.[7]

---

6. SÃO PAULO. Tribunal de Justiça. Agravo de Instrumento 2248055-03.2019.8.26.0000; Relator: Ricardo Negrão; Órgão Julgador: 2ª Câmara Reservada de Direito Empresarial; Foro Central Cível – 36ª Vara Cível. Data do Julgamento: 01.06.2020.

    SÃO PAULO. Tribunal de Justiça. Agravo de Instrumento 2149918-83.2019.8.26.0000; Relator: Alexandre Lazzarini; Órgão Julgador: 1ª Câmara Reservada de Direito Empresarial; Foro Central Cível – 1ª Vara de Falências e Recuperações Judiciais; Data do Julgamento: 05.02.2020.

    SÃO PAULO. Tribunal de Justiça. Agravo de Instrumento 2213026-57.2017.8.26.0000; Relator: Hamid Bdine; Órgão Julgador: 1ª Câmara Reservada de Direito Empresarial; Foro de Itapetininga – 4ª Vara Cível. Data do Julgamento: 07.03.2018.

7. SÃO PAULO. Tribunal de Justiça. Agravo de Instrumento 2248055-03.2019.8.26.0000; Relator: Ricardo Negrão; Órgão Julgador: 2ª Câmara Reservada de Direito Empresarial; Foro Central Cível – 36ª Vara Cível; Data do Julgamento: 01.06.2020.

A determinação da juntada dos extratos bancários determinada no inciso VII do art. 51 tem o objetivo de levar ao conhecimento dos credores o montante de ativos financeiros movimentados pela devedora até a data do pedido, com respectivo saldo. Em que pese comumente haja a juntada de determinado período (em geral, 30 dias), não há menção expressa a respeito do intervalo a ser extraído da movimentação bancário-financeira da devedora.

A apresentação das certidões dos cartórios de protesto indicadas no inciso VIII é elemento complementar para a compreensão sobre o início da crise econômico-financeira, podendo ser mais um indicativo da complexidade do endividamento e viabilidade da reorganização, além de servir de comparativo em relação ao passivo declarado e relacionado pela devedora, bem como conferência de seus registros contábeis. Adicionalmente, permite a fixação do termo legal da falência, no caso de quebra.

O inciso IX dispõe sobre a necessidade de apresentação da relação das ações judiciais, o que permite aos credores avaliarem os riscos aos quais estarão sujeitos, já que ali estará incluído todo o tipo de contingência, notadamente ações com potencial de minar por completo a superação da crise em caso de julgamento desfavorável à devedora e que, naturalmente, não integram o passivo. Por esse motivo, é fundamental que conste a estimativa atualizada dos valores objeto das ações, informação que muitas vezes não guarda relação com o valor dado à causa.

A partir da alteração promovida pela Lei 14.112/2020, foi inserida no inciso IX a exigência da apresentação da relação dos procedimentos arbitrais juntamente com as ações judiciais. Note-se que a apresentação de mera relação de procedimentos arbitrais, por si só, não tem potencial de ferir o sigilo; apenas informa a sua existência, em atendimento ao princípio da transparência, conforme já vinha sendo manifestado na jurisprudência.[8]

O inciso X inserido a partir da recente reforma pela Lei 14.112/2020 determina que a devedora apresente o "relatório detalhado do passivo fiscal", exigência salutar que, tal como ocorre com relação ao passivo global que agora deve integrar a relação de credores (alteração promovida no inciso III do art. 51), diminui a assimetria de informações e viabiliza a avaliação pelos credores da abrangência do endividamento e, consequentemente, as chances de superação da crise, assim como lhes permite o prognóstico do cenário falimentar.

A reforma oriunda da Lei 14.112/2020 também incluiu o inciso XI no art. 51, que trata da relação de bens e direitos do ativo não circulante, incluídos aqueles não sujeitos à recuperação judicial, acompanhada dos negócios jurídicos celebrados com os credores de que trata o par. 3º do art. 49. O objetivo do dispositivo é levar ao conhecimento dos credores a relação de bens que a devedora efetivamente possui, incluindo aqueles que estejam gravados em favor de credores cujos créditos não se submetam ao procedimento recuperacional, que são aqueles referidos no par. 3º do art. 49. Essa informação é de crucial importância, pois tais bens, embora compreendidos no ativo da devedora, poderão

---

8. SÃO PAULO. Tribunal de Justiça. Agravo de Instrumento 2171492-02.2018.8.26.0000; Relator: Araldo Telles; Órgão Julgador: 2ª Câmara Reservada de Direito Empresarial. Foro Central Cível – 2ª Vara de Falências e Recuperações Judiciais. Publicado em 25/09/2019.

não constituir patrimônio atingível pelo plano de recuperação judicial, ressalvadas as recorrentes discussões relativas à essencialidade dos bens da devedora.

As regras inscritas nos par. 1º e 3º tratam da guarda da documentação e relatórios de escrituração contábil da devedora, definindo que eles devem estar sempre à disposição para averiguação (par. 1º), facultando ao juiz a decisão sobre a obrigatoriedade do depósito dos livros contábeis em juízo (par. 3º). Trata-se de mais um mecanismo que, ao mesmo tempo, confere segurança aos credores e sobreavisa aqueles que possam agir de má-fé e fraudar as informações contábeis apresentadas em juízo com a petição inicial.

A exigência do par. 4º também foi incluída pela Lei 14.112/2020 e determina que, ainda que a devedora deva apresentar o balanço especial com a petição inicial – até a data do pedido de recuperação judicial – isso não o isenta da apresentação do balanço definitivo regular, de acordo com o exercício social, garantindo o acesso amplo a essa informação pelos credores, dado que o balanço especial pode referir-se a período diminuto.

A inserção do par. 5º pela Lei 14.112/2020 trouxe tratamento expresso quanto ao valor a ser atribuído à causa nos processos de recuperação judicial, circunstância responsável por intensas discussões doutrinárias e jurisprudenciais, sem consenso até então. A atual redação pretende colocar fim à celeuma, determinando que o valor da causa corresponderá ao montante total dos créditos sujeitos à recuperação judicial.

O par. 6º, com dois incisos, é mais uma novidade oriunda da Lei 14.112/2020, trazendo regras específicas dirigidas ao produtor rural, com o objetivo de adequar as exigências do art. 51 a esse agente econômico, de acordo com o par. 3º do art. 48.

Por este regramento, fica determinado ao produtor rural que a exposição a que se refere o inciso I do art. 51 (a exposição das causas concretas da situação patrimonial da devedora e das razões da crise econômico-financeira) deverá comprovar a crise de modo a demonstrar que seus recursos – financeiros ou patrimônio com liquidez – são insuficientes para saldar suas dívidas (inciso I, par. 3º). Além disso, a Lei cuidou de dispor expressamente que toda a documentação contábil exigida da devedora será substituída, nessa hipótese, por aquela especificamente prevista para o produtor rural no art. 48, par. 3º, e se limitará aos últimos 2 (dois) anos.

> Art. 51-A. Após a distribuição do pedido de recuperação judicial, poderá o juiz, quando reputar necessário, nomear profissional de sua confiança, com capacidade técnica e idoneidade, para promover a constatação exclusivamente das reais condições de funcionamento da requerente e da regularidade e da completude da documentação apresentada com a petição inicial.
>
> § 1º A remuneração do profissional de que trata o caput deste artigo deverá ser arbitrada posteriormente à apresentação do laudo e deverá considerar a complexidade do trabalho desenvolvido.
>
> § 2º O juiz deverá conceder o prazo máximo de 5 (cinco) dias para que o profissional nomeado apresente laudo de constatação das reais condições de funcionamento do devedor e da regularidade documental.
>
> § 3º A constatação prévia será determinada sem que seja ouvida a outra parte e sem apresentação de quesitos por qualquer das partes, com a possibilidade de o juiz determinar a realização da diligência sem a prévia ciência do devedor, quando entender que esta poderá frustrar os seus objetivos.
>
> § 4º O devedor será intimado do resultado da constatação prévia concomitantemente à sua intimação da decisão que deferir ou indeferir o processamento da recuperação judicial, ou que determinar a emenda da petição inicial, e poderá impugná-la mediante interposição do recurso cabível.

§ 5º A constatação prévia consistirá, objetivamente, na verificação das reais condições de funcionamento da empresa e da regularidade documental, vedado o indeferimento do processamento da recuperação judicial baseado na análise de viabilidade econômica do devedor.

§ 6º Caso a constatação prévia detecte indícios contundentes de utilização fraudulenta da ação de recuperação judicial, o juiz poderá indeferir a petição inicial, sem prejuízo de oficiar ao Ministério Público para tomada das providências criminais eventualmente cabíveis.

§ 7º Caso a constatação prévia demonstre que o principal estabelecimento do devedor não se situa na área de competência do juízo, o juiz deverá determinar a remessa dos autos, com urgência, ao juízo competente.

O art. 51-A adveio das alterações promovidas pela Lei 14.112/2020 e regulamentou a constatação prévia, originalmente intitulada "perícia prévia", que pode ser descrita, sucintamente, como um procedimento de verificação preliminar que antecede a análise judicial quanto ao preenchimento dos requisitos para o deferimento do processamento da recuperação judicial.

Com correspondência quase integral à Recomendação nº 57 do Conselho Nacional de Justiça,[9] o texto do art. 51-A positivou medida que vinha sendo amplamente determinada pelos juízes nos processos de recuperação judicial do país, com início em meados de 2011, ganhando maior consistência e amplitude entre os anos de 2015 e 2016, paralelamente a um sensível aumento do número de pedidos de recuperação judicial naquela época.

Sua origem emanou, portanto, da atuação judicial, tendo como principal fundamento a interpretação da expressão "estando em termos" contida no art. 52 da LREF, ao argumento da necessidade de verificação do efetivo conteúdo da documentação contábil-financeira da devedora.

À medida que se expandiu, a prática da perícia prévia também passou a receber maior atenção da doutrina e da jurisprudência que, ao se debruçar sobre o tema, em sua grande maioria, passou a criticar a amplitude e generalização como ela vinha sendo utilizada, com viés de verdadeiro procedimento preliminar ao deferimento do processamento da recuperação judicial, contrário à necessária rapidez na prolação da decisão, essencial para as devedoras que se socorrem desse instituto legal.[10]

A redação do art. 51-A deixa claro que a constatação prévia não é obrigatória e nem pode ser morosa: ela ocorrerá tão somente quando o magistrado "reputar necessário" e deve ser feita em cinco dias.

---

9. CONSELHO NACIONAL DE JUSTIÇA. Presidência. Recomendação 57 de 22.10.2019. DJe/CNJ 229/2019, de 30/10/2019, p. 3-4. Recomenda aos magistrados responsáveis pelo processamento e julgamento dos processos de recuperação empresarial a adoção de procedimentos prévios ao exame do feito, e dá outras providências. Disponível em: https://atos.cnj.jus.br/atos/detalhar/3069. Acesso em: 06.11.2020.
10. FURTADO, Paulo. Perícia prévia na recuperação judicial: a exceção que virou regra? *Migalhas*, 02 de maio de 2018. Disponível em: https://migalhas.uol.com.br/coluna/insolvencia-em-foco/279351/pericia-previa-na-recuperacao-judicial--a-excecao-que-virou-regra. Acesso em: 26.10.2020.
    DEZEM, Renata M. M.; BECKER, Joseane Isabel. A Instauração do Processo de Recuperação Judicial e a Pertinência da Perícia Prévia: o Juízo de Insolvabilidade Exigido pela Lei 11/101/05. In: WAISBERG, Ivo; RIBEIRO, José Horário H. R. *Direito Comercial, Falência e Recuperação de Empresas* – Temas. São Paulo: Quartier Latin, 2019, p. 414.

Não obstante ter sido atribuído exclusivamente ao magistrado o critério para a decisão quanto à necessidade da realização da perícia prévia, o *caput* do referido artigo estabelece que ela deve ser feita "para promover a constatação exclusivamente das reais condições de funcionamento da requerente e da regularidade e da completude da documentação apresentada com a petição inicial". Como se o caput não fosse claro o bastante, o par. 5º do mesmo dispositivo repete que a "constatação prévia consistirá, objetivamente, na verificação das reais condições de funcionamento da empresa e da regularidade documental, vedado o indeferimento do processamento da recuperação *judicial baseado na análise de viabilidade econômica do devedor*".

Mesmo antes da inserção deste dispositivo, a doutrina contrária à constatação prévia já criticava essas duas hipóteses para a sua realização, ora positivada. Com relação à regularidade documental, sustenta-se, desde então, que o juiz não necessita de conhecimentos especializados ou de assistência, cabendo a ele apenas proceder à verificação formal quanto ao preenchimento dos requisitos do pedido inicial, sendo certo que a falta de veracidade das informações prestadas poderá ser apurada no curso do processo e implicar, inclusive, afastamento dos administradores da devedora (art. 64).[11]

A constatação prévia feita para averiguar a existência ou não de atividade empresarial também encontra reservas entre doutrinadores. De fato, a falta de atividade momentânea, por si só, não implica impossibilidade de superação da crise, sendo plenamente possível a viabilidade econômica de uma sociedade com as atividades momentaneamente paralisadas, circunstância que, por sinal, pode constituir parte da estratégia de soerguimento.

Por outro lado, o novo artigo de lei deixa claro, em definitivo, que é vedado o indeferimento do processamento da recuperação judicial baseado na análise de viabilidade econômica da devedora. Aos credores, e somente a estes, compete a análise sobre a viabilidade econômica da devedora. Essa é a essência a ser preservada da LREF que, em muitos casos, vinha sendo marginalizada pela utilização sem critério da perícia prévia.

Desde o início de sua disseminação, é possível verificar a existência de posicionamento jurisprudencial no sentido da excepcionalidade da perícia prévia, defendendo que o exame aprofundado da situação financeira da empresa e da real possibilidade de recuperação deve ser realizado pelos credores após a apresentação do plano.[12]

O fundamento que determina a excepcionalidade da utilização da perícia prévia encontra sentido também no papel da recuperação judicial diante da situação de crise empresarial, cujo pilar é a manutenção da atividade (art. 47). Não parece razoável que o juízo retarde o andamento natural do processo, adiando a decisão de deferimento do processamento da recuperação judicial, em detrimento do sufocamento terminal da devedora, exceto se presentes circunstâncias muito peculiares.

A dinâmica segundo a qual se presume a má-fé da devedora e a submete a essa espera – passível de lhe causar prejuízos irremediáveis – acaba punindo justamente os agentes

---

11. SACRAMONE, op. cit., p. 240-241.
12. SÃO PAULO. Tribunal de Justiça. 1ª Câmara Reservada de Direito Empresarial. Agravo de Instrumento 0194436-42.2012.8.26.0000. Rel. Des. Teixeira Leite. Publicado em 06.10.2012.

econômicos para os quais a lei foi pensada e criada: devedores de boa-fé, em situação de crise e dotados de viabilidade econômica.

Tais premissas, enquanto essência da recuperação judicial, não foram ignoradas pela recente reforma que positivou a prática da constatação prévia. Além de delinear os aspectos de sua excepcionalidade, o art. 51-A imprimiu celeridade ao procedimento, caso o juiz realmente a repute necessária: a constatação prévia será determinada sem prévia oitiva e sem a apresentação de quesitos (par. 3º) e o respectivo laudo deve ser apresentado pelo profissional nomeado para fazê-lo em até 5 (cinco) dias (par. 2º). Além disso, a remuneração ao profissional deverá ser arbitrada apenas depois da apresentação do laudo e deverá considerar a complexidade do trabalho apresentado (par. 1º), devendo seu custo ser arcado pela recuperanda.

Caso seja constatado que o principal estabelecimento da devedora não se situa na área de competência do juízo, será determinada a remessa, "com urgência", para o juízo competente (par. 7º).

Na hipótese de serem detectados "indícios contundentes de utilização fraudulenta" da recuperação judicial, o juiz poderá indeferir a petição inicial e oficiar ao Ministério Público para a tomada das providências criminais cabíveis (par. 6º).

O profissional nomeado é geralmente aquele que, depois de deferido o processamento da recuperação judicial, será o administrador judicial designado para atuar no feito, situação que também provoca críticas da doutrina voltadas à eventual imparcialidade desse profissional enquanto condutor da constatação, pois seria de seu interesse a decisão favorável à recuperanda e consequente nomeação para continuar atuando no processo.[13]

No entanto, entende-se que as características muito próprias que conduzem o juízo à nomeação do administrador judicial – profissional de sua inteira confiança – eliminam o risco de parcialidade. Caso existente esse risco, não terá havido o preenchimento dos requisitos suficientes à nomeação em si, pois ausente o grau de confiança indispensável nessa relação e a idoneidade necessária para a atuação.[14]

Art. 52. Estando em termos a documentação exigida no art. 51 desta Lei, o juiz deferirá o processamento da recuperação judicial e, no mesmo ato:

I – nomeará o administrador judicial, observado o disposto no art. 21 desta Lei;

II – determinará a dispensa da apresentação de certidões negativas para que o devedor exerça suas atividades, exceto para contratação com o Poder Público ou para recebimento de benefícios ou incentivos fiscais ou creditícios, observando o disposto no art. 69 desta Lei;

II – determinará a dispensa da apresentação de certidões negativas para que o devedor exerça suas atividades, observado o disposto no § 3º do art. 195 da Constituição Federal e no art. 69 desta Lei;

III – ordenará a suspensão de todas as ações ou execuções contra o devedor, na forma do art. 6º desta Lei, permanecendo os respectivos autos no juízo onde se processam, ressalvadas as ações previstas nos §§ 1º, 2º e 7º do art. 6º desta Lei e as relativas a créditos excetuados na forma dos §§ 3º e 4º do art. 49 desta Lei;

---

13. Nesse sentido defendem Renata Dezem e Joseane Becker (DEZEM, Renata M. M.; BECKER, Joseane Isabel. *Op. cit*, pág. 413) e também Paulo Furtado (FURTADO, op. cit. Acesso em: 26.10.2020).

14. Sobre os requisitos legais e critérios adotados: BERNIER, Joice Ruiz. *Administrador Judicial na Recuperação e na Falência*. São Paulo: Quartier Latin, 2016, p. 57-82.

IV – determinará ao devedor a apresentação de contas demonstrativas mensais enquanto perdurar a recuperação judicial, sob pena de destituição de seus administradores;

V – ordenará a intimação eletrônica do Ministério Público e das Fazendas Públicas federal e de todos os Estados, Distrito Federal e Municípios em que o devedor tiver estabelecimento, a fim de que tomem conhecimento da recuperação judicial e informem eventuais créditos perante o devedor, para divulgação aos demais interessados.

§ 1º O juiz ordenará a expedição de edital, para publicação no órgão oficial, que conterá:

I – o resumo do pedido do devedor e da decisão que defere o processamento da recuperação judicial;

II – a relação nominal de credores, em que se discrimine o valor atualizado e a classificação de cada crédito;

III – a advertência acerca dos prazos para habilitação dos créditos, na forma do art. 7º, § 1º, desta Lei, e para que os credores apresentem objeção ao plano de recuperação judicial apresentado pelo devedor nos termos do art. 55 desta Lei.

§ 2º Deferido o processamento da recuperação judicial, os credores poderão, a qualquer tempo, requerer a convocação de assembleia geral para a constituição do Comitê de Credores ou substituição de seus membros, observado o disposto no § 2º do art. 36 desta Lei.

§ 3º No caso do inciso III do *caput* deste artigo, caberá ao devedor comunicar a suspensão aos juízos competentes.

§ 4º O devedor não poderá desistir do pedido de recuperação judicial após o deferimento de seu processamento, salvo se obtiver aprovação da desistência na assembleia geral de credores.

Não parece haver dúvida de que a expressão "estando em termos", inserta no caput do art. 52, remete a uma análise exclusivamente formal pelo juiz quanto ao preenchimento dos requisitos indicados no art. 51. Significa dizer que não existe procedimento condicionante ao deferimento do processamento do pedido de recuperação judicial, tal como defendido nos comentários anteriores ao art. 51-A, inserido por meio da Lei 14.112/2020.

O deferimento do processamento da recuperação judicial poderá ser adiado ante a necessidade de emenda à petição inicial (art. 189, LREF c/c art. 321 do Código de Processo Civil).

O indeferimento da petição inicial não implica decretação da falência da devedora, sendo-lhe facultado, nessa hipótese, apresentar novo pedido com o preenchimento de todos os requisitos.

O despacho de processamento, por sua vez, não se confunde com a decisão concessiva da recuperação judicial. O pedido de tramitação é acolhido no despacho de processamento, em vista apenas de dois fatores – a legitimidade ativa da parte requerente e a instrução nos termos da lei. Ainda não está definido, porém, que a empresa da devedora é viável e, portanto, ele tem o direito ao benefício, decisão essa que caberá aos credores com a aprovação ou não do plano de recuperação judicial.

O recurso cabível contra a decisão que autoriza o processamento da recuperação judicial é o agravo de instrumento.

Na mesma decisão que defere o processamento, o juiz deve nomear o administrador judicial como primeiro evento, pois indispensável à consecução dos subsequentes.

A dispensa da apresentação de certidões negativas disposta no inciso II é fundamental para que a devedora permaneça desenvolvendo suas atividades e, assim, possa superar a crise. No entanto, ela não afasta por completo as conhecidas dificuldades enfrentadas pelas sociedades em recuperação judicial na contratação com terceiros, ante a pecha ainda existente contra empresas em regime de recuperação judicial, cultura persistente, apesar da constante evolução.

Apesar da recente alteração na redação do inciso II do art. 52, seu conteúdo permanece o mesmo: a dispensa da apresentação de certidões negativas para que a devedora exerça suas atividades não implica dispensa destas para contratação com o Poder Público. Essa diferenciação é alvo de ferrenhas críticas, uma vez que a imposição aos particulares não poderia ser excetuada ao Poder Público, raciocínio que respalda decisões[15] deferindo a dispensa de apresentação de certidões negativas, inclusive nessa hipótese.

Vale frisar que essa possibilidade não pode ser genericamente aplicada, devendo ser analisada caso a caso, tendo em vista a garantia da preservação da empresa em recuperação e a igualdade de tratamento entre os licitantes, sem olvidar a proteção do interesse público.[16]

O inciso III trata da ordem judicial mais aguardada pela devedora: o *stay period*, antes limitado ao prazo máximo "improrrogável" de 180 (cento e oitenta) dias — que, na verdade, nunca foram de fato improrrogáveis – e que agora conta com a possibilidade legal expressa de prorrogação (art. 6º). Esse prazo poderá, contudo, ser reduzido, na hipótese de a devedora se utilizar mecanismos de mediação previamente ao pedido de recuperação judicial (art. 20-B, par. 1º e art. 6º, par. 4º).

As situações excepcionadas dessa determinação de suspensão estão expressas no texto legal: (i) ações de qualquer natureza que demandem quantias ilíquidas (art. 6º, par. 1º); (ii) reclamações trabalhistas (art. 6º, par. 2º); (iii) ações promovidas por credores detentores de créditos não sujeitos à recuperação judicial (art. 6º, par. 7º-B, c/c art. 49, par. 3º e 4º); (iv) execuções fiscais (art. 6º, par. 7º-B). Apesar dessas exceções, vale lembrar "a competência do juízo da recuperação judicial para determinar a suspensão dos atos de constrição que recaiam sobre bens de capital essenciais à manutenção da atividade empresarial", conforme preveem os par. 7º-A e 7º-B do art. 6º, inseridos com a recente reforma, no mesmo sentido do que já vinha sendo verificado nos processos.

O par. 3º do art. 52 impõe à devedora a obrigação de, uma vez determinada a suspensão, informar a decisão nas respectivas demandas judiciais para que o respectivo juízo dê cumprimento, não havendo previsão de expedição de ofícios para tal finalidade, o que não faria sentido, ante o interesse e urgência do própria devedora.

A obrigação de apresentação das contas mensais pela devedora disposta no inciso IV, que consiste em mais um instrumento intimamente ligado ao princípio da transparência, possibilita aos credores terem acesso amplo e periódico aos números contábil-financeiros atualizados da devedora.

---

15. SÃO PAULO. Tribunal de Justiça. Processo n. 0035171-19.2017.8.26.0100. Magistrado Tiago Henriques Papaterra Limongi. Decisão publicada em 16.06.2020.
    RIO DE JANEIRO, Tribunal de Justiça. Processo n. 0203711-65.2016.8.19.0001. Magistrado Fernando Cesar Ferreira Viana. Decisão publicada em 21.05.2018.
16. SACRAMONE, op. cit., p. 243.

Essas contas são encaminhadas ao administrador judicial, que deve apresentá-las no relatório mensal de atividades, de modo que não há necessidade de a devedora também proceder à sua juntada nos autos do processo, tendo em vista, inclusive, a existência de eventuais informações estratégicas da recuperanda, cuja publicidade processual poderia lhe prejudicar.

Caso não sejam apresentadas as contas, a devedora estará sujeito à destituição de seus administradores, na forma dos arts. 64 e 65.

Antes da recente reforma promovida pela Lei 14.112/2020, o texto do inciso V determinava "a intimação do Ministério Público e a comunicação por carta às Fazendas Públicas Federal e de todos os Estados e Municípios em que o devedor tiver estabelecimento".

A parte final atualmente vigente foi inserida na reforma, incrementando-o com a expressão "a fim de que tomem conhecimento da recuperação judicial e informem eventuais créditos perante a devedora, para divulgação aos demais interessados", além de esclarecer que a intimação será eletrônica, privilegiando, assim, a transparência necessária que toda recuperação judicial requer.

O dispositivo também determina a intimação eletrônica do Ministério Público para que tenha conhecimento do processo e, caso queira, dele participe.

A providência subsequente, constante do par. 1º do art. 52, refere-se à publicação do edital no órgão oficial, que deve conter: (i) o resumo do pedido da devedora e da decisão que defere o processamento da recuperação judicial; (ii) a relação nominal de credores, em que se discrimine o valor atualizado e a classificação de cada crédito e (iii) a advertência acerca dos prazos para habilitação dos créditos, na forma do art. 7º, par. 1º, e para que os credores apresentem objeção ao plano de recuperação judicial.

O meio para envio das habilitações e divergências de crédito ao administrador judicial pelos credores também deverá constar do edital, uma vez que ela deverá ser feita diretamente ao órgão auxiliar do juízo, o que geralmente é determinado pelo juiz na decisão que defere o processamento.

Verifica-se com recorrência nos processos que tramitam eletronicamente o requerimento pela devedora da publicação do chamado "edital resumido" no qual, em vez de trazer em seu corpo a relação nominal de credores (nome/razão social dos credores e valores/classes dos respectivos créditos), faz referência ao número de folhas dos autos em que juntada a relação de credores contendo todas essas informações, medida que vem sendo acatada pelos juízes e que desonera a devedora quanto ao valor das custas do edital, sem prejudicar a publicidade.

É recomendado, no entanto, que haja a divulgação da relação de credores por outros meios, notadamente no portal eletrônico do administrador judicial, como é de praxe, e também pela devedora, sempre prestigiando o amplo acesso à informação, principalmente aos credores hipossuficientes. Além disso, para que faça uso do edital resumido, é crucial que a devedora apresente sua relação de credores atendendo a todas as exigências legais, não se devendo admitir documentos com legibilidade comprometida, organização confusa, inconsistência de dados etc., uma vez que será este o documento a que o edital se reportará.

Conforme determina o par. 2º do art. 52, a constituição de Comitê de Credores é oficialmente autorizada a partir da decisão que defere o processamento da recuperação judicial, obedecendo ao quórum previsto no art. 36, situação que foge à realidade comum das recuperações judiciais do país, pois dificilmente há interesse dos credores em assumirem tal ônus.

Por fim, outra consequência da decisão de processamento da recuperação judicial é a vedação da desistência do pedido pela devedora, exceto se houver a sua aprovação pela maioria dos credores (par. 4º, art. 52).

Seção III
Do Plano de Recuperação Judicial

A Seção III é inaugurada com o tratamento dado àquela que é considerada a peça mais importante não só do processo de recuperação judicial, mas de todo o procedimento que envolve a reorganização da devedora e que culminará no seu soerguimento ou falência. Composta dos arts. 53 e 54, ela tem como objeto os requisitos, o prazo e a forma a serem obedecidos na apresentação do plano de recuperação judicial (art. 53), com especial atenção às previsões relativas aos créditos derivados da legislação do trabalho ou decorrentes de acidentes de trabalho, dada a sua natureza alimentar (art. 54).

Como alicerce de todo o planejamento arquitetado pela devedora para convencimento dos credores de seu soerguimento, a importância do plano de recuperação judicial não se restringe à técnica, mas também ao tratamento e respeito ao processo e à coletividade de credores, que esperam um projeto factível e razoável que lhes permita confiar na viabilidade econômica da sociedade e, com isso, serem favoráveis à proposta.

Art. 53. O plano de recuperação será apresentado pelo devedor em juízo no prazo improrrogável de 60 (sessenta) dias da publicação da decisão que deferir o processamento da recuperação judicial, sob pena de convolação em falência, e deverá conter:

I – discriminação pormenorizada dos meios de recuperação a ser empregados, conforme o art. 50 desta Lei, e seu resumo;

II – demonstração de sua viabilidade econômica; e

III – laudo econômico-financeiro e de avaliação dos bens e ativos do devedor, subscrito por profissional legalmente habilitado ou empresa especializada.

Parágrafo único. O juiz ordenará a publicação de edital contendo aviso aos credores sobre o recebimento do plano de recuperação e fixando o prazo para a manifestação de eventuais objeções, observado o art. 55 desta Lei.

O art. 60 estabelece as regras a serem seguidas pela devedora na apresentação do plano de recuperação judicial, indicando o prazo para tanto e seus parâmetros, a documentação e informações obrigatórias, e tratando, ao final, da publicidade a ser conferida para conhecimento dos credores.[17]

Longe de representar uma garantia de que a recuperanda alcançará o soerguimento e sucesso no atendimento de todas as promessas cuja expectativa gerou perante os cre-

---

17. A partir das alterações promovidas recentemente na LREF, é possível a apresentação do plano de recuperação judicial pelos credores (art. 56, par. 4º a 8º e art. 6º, § 4º-A). Antes da reforma, cabia exclusivamente ao devedor a elaboração e apresentação do plano de recuperação judicial.

dores, o plano de recuperação é, ainda assim, a premissa que determinará se a devedora detém potencial para atingir esse objetivo, ou seja, se a retomada bem-sucedida é factível.

Cabe frisar que o prazo de 60 (sessenta) dias, que deve ser contado da publicação da decisão que deferir o processamento da recuperação judicial no órgão oficial, e não do edital de aviso aos credores e interessados, é, de fato, improrrogável, sob pena de decretação da falência.

Conforme disposto nos incisos I e II do art. 53, além de cumprir o requisito temporal, a devedora deve trazer no plano a discriminação pormenorizada dos meios de recuperação a ser empregados, dentre aqueles constantes do art. 50 da Lei, e seu resumo, além da demonstração da viabilidade econômica.

A multidisciplinariedade exigida na maior parte das situações envolvendo uma reorganização empresarial impõe que a elaboração do plano obedeça a rigor técnico específico, com participação de profissionais especializados na área de *turnaround*, da atividade empresarial, ou do respectivo meio de recuperação judicial proposto (advogados, contadores, economistas, administradores, engenheiros etc.).

Além de ser levado em conta, naturalmente, sua própria complexidade, o rigor técnico e eficácia do plano será proporcional à exigência analítica do quadro de credores aos quais ele será submetido.

A devedora pode lançar mão das diversas possibilidades elencadas no art. 50 ou até apresentar outras, haja vista não se tratar de rol exaustivo. Não poderá, no entanto, referir-se a elas de maneira genérica: ele deverá descrever de forma precisa como se utilizará do meio, ou dos meios, que elegeu.

Assim como referido quanto à declaração da petição à qual a devedora está obrigada (inciso I, art. 51), espera-se do plano uma estratégia pragmática que conduza ao resultado matematicamente positivo da soma entre a crise e a fórmula proposta para o soerguimento.

Tudo isso proverá o atendimento à exigência do inciso II: demonstração da viabilidade econômica, consequência lógica de um plano de recuperação judicial bem elaborado em relação a uma atividade financeira e economicamente viável.

O disposto no inciso III do art. 53 determina a obrigação de serem anexados ao plano de recuperação, necessariamente, dois documentos: (i) laudo econômico-financeiro e (ii) laudo de avaliação dos bens e ativos da devedora. Eles devem ser subscritos por profissional legalmente habilitado, ou empresa especializada.

Esses documentos têm o objetivo principal de permitir que os credores tenham acesso ao real e atual valor dos ativos da devedora e, assim, possam antever o cenário falimentar, adotar a melhor estratégia para a satisfação de seu crédito e exercer seu regular exercício de direito de voto.[18]

A Lei objetivou conferir maior confiabilidade às informações contidas nesses documentos quando determinou fossem assinados por profissional legalmente habilitado,

---

18. SCALZILLI, João Pedro, SPINELLI, Luis Felipe e TELLECHEA, Rodrigo. *Recuperação de empresas e falência: teoria e prática na Lei 11.101/205*, São Paulo: Almedina, 2016, p. 311.

ou empresa especializada, os quais deverão responder civil e penalmente por eventual dano cometido.

Apesar dessa previsão legal e de sua relevância, não são raras as situações concretas em que o laudo de avaliação de ativos não é apresentado juntamente com o plano de recuperação. Ou ainda, quando apresentado, não conta com informações verossímeis, baseando-se em valores contabilizados na escrituração do própria devedora, sem atingir, portanto, a finalidade contida na Lei.

Inobstante o controle de legalidade a ser exercido pelo juiz, é fundamental o papel do administrador judicial e dos credores na observância do atendimento a tais exigências pela devedora, ante sua relação direta com a viabilidade econômica da empresa em recuperação judicial.

A determinação contida no parágrafo único do art. 53 de publicação do edital comunicando aos credores sobre a entrega do plano de recuperação judicial, além de garantir sua publicidade, fixa o termo inicial para contagem do prazo para apresentação de objeções pelos credores que assim desejarem, conforme prevê o art. 55. Esse edital poderá ser unificado com aquele que publica a relação de credores do administrador judicial (art. 7º, par.2º), visando à economia processual e desonerando a devedora.

Além da publicação prevista em lei, o plano e seus anexos devem ser disponibilizados em *site* do administrador judicial, em prol da transparência que toda a recuperação judicial exige, facilitando, assim, o acesso a um número maior de credores, em consonância com o disposto no art. 22, inc. I, *k*.

> Art. 54. O plano de recuperação judicial não poderá prever prazo superior a 1 (um) ano para pagamento dos créditos derivados da legislação do trabalho ou decorrentes de acidentes de trabalho vencidos até a data do pedido de recuperação judicial.
>
> § 1º. O plano não poderá, ainda, prever prazo superior a 30 (trinta) dias para o pagamento, até o limite de 5 (cinco) salários-mínimos por trabalhador, dos créditos de natureza estritamente salarial vencidos nos 3 (três) meses anteriores ao pedido de recuperação judicial.
>
> § 2º O prazo estabelecido no caput deste artigo poderá ser estendido em até 2 (dois) anos, se o plano de recuperação judicial atender aos seguintes requisitos, cumulativamente:
>
> I – apresentação de garantias julgadas suficientes pelo juiz;
>
> II – aprovação pelos credores titulares de créditos derivados da legislação trabalhista ou decorrentes de acidentes de trabalho, na forma do § 2º do art. 45 desta Lei; e
>
> III – garantia da integralidade do pagamento dos créditos trabalhistas.

O art. 54 tem como objetivo estabelecer regras mínimas à possibilidade negociação e alteração das condições originais dos créditos trabalhistas sujeitos ao plano de recuperação judicial, visando à proteção da classe ante a sua natureza alimentar.

São duas as regras gerais estabelecidas no *caput* do art. 54 e seu par. 1º às quais a possibilidade de negociação do crédito de natureza alimentar está sujeita, ambas tratando do prazo de pagamento da integralidade da classe: um ano como regra geral (*caput*) ou em até 30 (trinta) dias para os créditos vencidos nos 3 (três) meses anteriores ao pedido (par. 1º). Nesta última hipótese, só estão contemplados créditos de natureza estritamente salarial e cujo limite respeite 5 (cinco) salários mínimos por credor trabalhador.

O par. 2º foi inserido no art. 54 pela recente reforma trazida pela Lei 14.112/2020, em consonância com o equilíbrio buscado pela Lei entre a possibilidade de negociação dos créditos com rubrica alimentar e a proteção à classe I, permitindo que o prazo de um ano para o pagamento seja estendido em até 2 (dois) anos, desde que o plano cumpra 3 (três) requisitos, cumulativamente: (i) deve contar com "garantias que o juiz julgue suficientes"; (ii) deve ser aprovado pelos credores da classe trabalhista e (iii) deve garantir o pagamento da classe trabalhista na integralidade, ou seja, sem a previsão de deságio.

Merece especial atenção o requisito referente às "garantias que o juiz julgue suficientes" disposto no inciso I do par. 2º, ante sua vagueza, sem absolutamente nenhum contorno normativo que estabeleça critérios para a efetivação da hipótese no processo de recuperação judicial.

Primeiramente, não se tem a definição da espécie de garantia e, consequentemente, a legitimidade de quem irá ofertá-la. Ao tratar de garantias, pressupõe-se que ela integrará o patrimônio da devedora e, por sua vez, deverá ser objeto do plano de recuperação judicial. Por outro lado, não se verifica do dispositivo nenhuma vedação à prestação de garantia por terceiro, circunstância que gera outra série de lacunas, considerando as problemáticas que essa situação poderá provocar nos casos concretos.

Uma segunda incongruência, não menos importante, é o direcionamento da averiguação da suficiência da garantia em questão ao juiz, distante da essência do processo recuperacional, que destina aos credores a competência exclusiva para deliberação a respeito da proposta.

Além de deixar a análise da garantia a critério exclusivo do juiz, o caráter lacunoso também trará consequências procedimentais, pois ausente qualquer previsão a respeito da forma e tempo com que a garantia será apresentada. Considerada a hipótese mais lógica, qual seja, os credores também devem saber qual será a garantia prestada para optar ou não pela extensão do prazo de recebimento de seus créditos, a garantia deveria ser apresentada no próprio plano de recuperação judicial. Todavia, a incoerência se instala ao se imaginar como se dará a efetivação da garantia: se sua análise está condicionada à decisão judicial, conforme requisito previsto no inciso I, significaria que, embora seja objeto de deliberação, mesmo depois de aprovada pelos credores, poderá não ter o aval judicial, o que invalidaria o julgamento dos próprios credores, que a teriam julgado suficiente.

Dela decorre, por conseguinte, outra incoerência procedimental no texto do dispositivo do par. 2º, cuja falta de clareza é latente: a forma como se dará a execução da garantia, se o caso, já que a alienação e oneração de bens do ativo não circulante da recuperanda deve obedecer a procedimento específico, nos termos no art. 66 da lei, sendo certo que o par. 2º do art. 54 não dispõe em sentido diverso. Nessa situação, ainda que a garantia já tenha superado o procedimento específico previsto – análise judicial e aceitação pelos credores – a LREF traz regras gerais aplicáveis à alienação, condicionando-a a decisão judicial e, ainda, poderá estar sujeita à nova deliberação em assembleia geral de credores.

O objetivo do legislador ao estabelecer a apresentação de garantias, ao que tudo indica, foi a proteção da classe trabalhista para que esses credores efetivamente tenham seus créditos satisfeitos integralmente na recuperação judicial, ainda que em prazo estendido em relação à limitação de um ano trazida no *caput* do art. 54.

No entanto, ainda que a garantia seja suficiente (sob a acepção do juiz) caso não haja o pagamento previsto no plano de recuperação, tal previsão não terá a mesma eficiência na hipótese de falência, considerando-se a ordem estabelecida no art. 83 da LREF. O tratamento prioritário dado ao crédito trabalhista na falência não é suficiente, isoladamente, para garantir sua satisfação, dadas as regras próprias da situação falimentar.

A possibilidade da aplicação de deságio sobre o crédito trabalhista, muito debatida até então, ficou clara com a redação do inciso III, par. 2º. A redação do dispositivo, que expressamente o veda caso o prazo de pagamento seja ampliado, conduz justamente à conclusão de que, no prazo ordinário de um ano previsto no *caput*, é permitido o deságio.

O limite temporal a que pode chegar o pagamento dos créditos trabalhistas a partir da hipótese do par. 2º incluído pela reforma já tem sido objeto de controvérsia na doutrina, havendo entendimento no sentido de que o prazo poderia chegar a 3 (três) anos [19] e, em outro sentido, que o prazo limite seria de 2 (dois) anos. [20] A redação, de fato, gera dúvidas porque estabelece que o prazo de 1 ano previsto no *caput* "poderá ser estendido em até 2 (dois) anos"; fosse a intenção do legislador que o prazo pudesse chegar a 3 (três) anos, deveria ter adicionado ao texto vocábulo que lhe conferisse essa possibilidade com clareza (por mais dois anos, por dois anos adicionais etc.).

A propósito, é curioso verificar que a redação original do projeto n. 6229/2005, que deu origem à disposição legal do par. 2º do art. 54, trazia consigo no texto, de forma expressa, justamente a palavra "adicionais", dispondo que o prazo de um ano poderia ser estendido "em até dois anos adicionais." A redação final que seguiu da Câmara dos Deputados para o Senado e que restou aprovada e sancionada, no entanto, não contou com essa indicação expressa, embora não se observe alteração do texto durante o processo legislativo, oriunda de emendas ou destaques nesse sentido.

Além da interpretação gramatical, a interpretação sistemática da LREF também poderia conduzir à conclusão de que os créditos trabalhistas sejam satisfeitos durante o prazo máximo do período de supervisão, que é de 2 (dois) anos a partir da concessão da recuperação judicial (art. 61).

Há que se destacar também a grande controvérsia não enfrentada pela reforma recente, a respeito do termo inicial do prazo para pagamento dos créditos trabalhistas. Os posicionamentos doutrinários e jurisprudenciais existentes giram em torno de diversas possibilidades, dotadas de variados fundamentos.

O Enunciado I aprovado pelo Grupo de Câmaras de Direito Empresarial do Tribunal de Justiça de São Paulo reza que o prazo deva ser contado da homologação do plano de recuperação judicial ou do término do prazo de suspensão de que trata o artigo 6º, parágrafo 4º, da Lei 11.101/05, independentemente de prorrogação, o que ocorrer primeiro.

---

19. COSTA, Daniel Carnio, MELO, Alexandre Correa Nasser. *Comentários à lei de recuperação de empresas e falência*: Lei 11.101/2005, de 09 de fevereiro de 2005. Curitiba: Juruá, 2021, p. 165.
20. COELHO, Fabio Ulhoa. *Comentários à Lei de Falências e de Recuperação de Empresas*. 4. ed. São Paulo: Thomson Reuters Brasil, 2021. 4 ed. e-book baseada na 14 ed. Impressa. Posição 66.1.

É possível extrair como intenção do Enunciado a proteção da classe trabalhista, à luz do prazo limite que está previsto no art. 54, *caput*. Por outro lado, haveria um contrassenso na hipótese de, a pretexto de não se protelar o pagamento dos créditos trabalhistas, ocorrer o pagamento de parcela do plano que pode sequer ter sido aprovado pelos credores e que, portanto, poderá sofrer alterações antes de finalizada a deliberação e proferida a decisão de homologação, sob o risco, ainda, de haver pagamento de 100% de créditos cuja previsão no plano, ulteriormente, sofrerá alterações.

Mais uma incompatibilidade observada no cenário de pagamento de crédito trabalhista antes da aprovação do plano é a situação do credor já satisfeito perante a assembleia geral de credores: a lei permaneceu sem dar respostas sobre a possibilidade ou não de esse credor permanecer como votante.

Há posicionamentos recentes do Superior Tribunal de Justiça, em sede de tutela provisória, pela manutenção da cláusula do plano de recuperação judicial que prevê o pagamento da classe trabalhista no prazo de um ano a contar da homologação do plano,[21] ou até mesmo prevendo o pagamento em prazo superior a um ano.[22]

Por fim, no mesmo contexto das hipóteses verificadas nas situações práticas não enfrentadas pela reforma trazida pela Lei 14.112/2020, tem-se a prorrogação de pagamento dos créditos trabalhistas que superem determinado valor (geralmente, em torno de 150 salários mínimos).

Essa possibilidade de dilação do pagamento adota como premissa a necessidade de a verba alimentar – necessária à subsistência – obedecer a limites, tal como se verifica no caso da decretação de falência (art. 83, I).

A justificativa do posicionamento jurisprudencial que autoriza a limitação do pagamento a partir da estipulação, no plano de recuperação judicial, de limite de pagamento de verba trabalhista alimentar, está contextualizada na proteção que a lei pretendeu conferir aos credores em situação de maior debilidade econômica, que possuem como fonte de sobrevivência, basicamente, a sua força de trabalho, ou seja, o tratamento privilegiado destina-se a garantir-lhes o pagamento de quantia suficiente e razoável para sua subsistência, um mínimo para o seu sustento.[23]

Essa premissa deve, contudo, ser vista com reservas, condicionando-a à análise do caso concreto face ao risco inerente de manipulação de quórum caso não haja aprovação unânime, pois o critério de contagem dos votos na classe I poderá impor a uma minoria detentora de créditos maiores a vontade da esmagadora maioria, detentora de créditos de valores menores, pulverizados dentro da massa de credores da classe.

---

21. BRASIL. Superior Tribunal de Justiça. AgInt no Pedido de Tutela Provisória 2.517 – SP (2019/0384753-1). Ministro João Otávio de Noronha. Publicado em 04.02.2020.
22. BRASIL. Superior Tribunal de Justiça. Pedido de Tutela Provisória 2.025 – SP (2019/0111437-5). Relator Ministro Paulo de Tarso Sanseverino Relator. Publicado em 22.05.2019.
23. BRASIL. Superior Tribunal de Justiça. REsp 1649774/SP. Rel. Ministro Marco Aurélio Bellizze, Terceira Turma. Publicado em 15.02.2019.

REFERÊNCIAS

BERNIER, Joice Ruiz. *Administrador Judicial*. São Paulo: Quartier Latin, 2016.

BRASIL. Código de Processo Civil. Brasília, DF: Presidência da República. Disponível em: http://www.planalto.gov.br/ccivil_03/_ato2015-2018/2015/lei/l13105.htmAcesso em: 26.10.2020.

BRASIL. Lei 11.101, de 09 de fevereiro de 2005. Regula a recuperação judicial, a extrajudicial e a falência do empresário e da sociedade empresária. Brasília, FD: Presidência da República. Disponível em: http://www.planalto.gov.br/ccivil_03/_ato2004-2006/2005/lei/l11101.htm. Acesso em: 26.10.2020.

BRASIL. Câmara de Deputados. Projeto de Lei 6229/2005. Relatório apresentado em plenário na Câmara dos Deputados, em 27 de novembro de 2019. Disponível em: https://www.camara.leg.br/proposicoesWeb/fichadetramitacao?idProposicao=307272. Acesso em: 29.11.2020.

BRASIL. Senado Federal. Projeto de Lei 4458, de 2020. Altera as Leis 11.101, de 9 de fevereiro de 2005, 10.522, de 19 de julho de 2002, e 8.929, de 22 de agosto de 1994, para atualizar a legislação referente à recuperação judicial, à recuperação extrajudicial e à falência do empresário e da sociedade empresária. Disponível em: https://legis.senado.leg.br/sdleg-getter/documento?dm=8885669&ts=1600728337912&disposition=inline. Acesso em: 26.10.2020.

BRASIL. Superior Tribunal de Justiça. AgInt no Pedido de Tutela Provisória 2.517 – SP (2019/0384753-1). Ministro João Otávio de Noronha. Publicado em 04/02/2020.

BRASIL. Superior Tribunal de Justiça. Pedido de Tutela Provisória 2.025 – SP (2019/0111437-5). Relator Ministro Paulo de Tarso Sanseverino Relator. Publicado em 22/05/2019.

BRASIL. Superior Tribunal de Justiça. REsp 1649774/SP. Rel. Ministro Marco Aurélio Bellizze, Terceira Turma. Publicado em 15.02.2019.

COELHO, Fabio Ulhoa. *Comentários à Lei de Falências e de Recuperação de Empresas*. 4. ed. São Paulo: Thomson Reuters Brasil, 2021. 4 ed. e-book baseada na 14 ed. Impressa.

COMITÊ DE PRONUNCIAMENTOS CONTÁBEIS. Pronunciamento Técnico CPC 00 (R2). Disponível em: http://www.cpc.org.br/CPC/Documentos-Emitidos/Pronunciamentos. Acesso em: 28.01.2021.

COMITÊ GESTOR DO SIMPLES NACIONAL. Resolução CGSN 140, de 22 de maio de 2018. Publicada no Diário Oficial da União de 24/05/2018, seção 1, p. 20. Disponível em: http://normas.receita.fazenda.gov.br/sijut2consulta/link.action?idAto=92278.

CONSELHO NACIONAL DE JUSTIÇA. Recomendação 57 de 22/10/2019. DJe/CNJ 229/2019, de 30/10/2019, p. 3-4. Recomenda aos magistrados responsáveis pelo processamento e julgamento dos processos de recuperação empresarial a adoção de procedimentos prévios ao exame do feito, e dá outras providências. Disponível em: https://atos.cnj.jus.br/atos/detalhar/3069. Acesso em: 06.11.2020.

COSTA, Daniel Carnio, MELO, Alexandre Correa Nasser. *Comentários à lei de recuperação de empresas e falência*: Lei 11.101/2005, de 09 de fevereiro de 2005. Curitiba: Juruá, 2021, pág. 158.

DEZEM, Renata M. M.; BECKER, Joseane Isabel. *A Instauração do Processo de Recuperação Judicial e a Pertinência da Perícia Prévia*: o Juízo de Insolvabilidade Exigido pela Lei n. 11/101/05. In: WAISBERG, Ivo; RIBEIRO, José Horário H. R. Direito Comercial, Falência e Recuperação de Empresas – Temas. São Paulo: Quartier Latin, 2019.

FURTADO, Paulo. Perícia prévia na recuperação judicial: a exceção que virou regra? *Migalhas*, 02 de maio de 2018. Disponível em: https://migalhas.uol.com.br/coluna/insolvencia-em-foco/279351/pericia-previa-na-recuperacao-judicial--a-excecao-que-virou-regra. Acesso em: 26.10.2020.

RIO DE JANEIRO, Tribunal de Justiça. Processo n. 0203711-65.2016.8.19.0001. Magistrado Fernando Cesar Ferreira Viana. Decisão publicada em 16/05/2018.

SACRAMONE, Marcelo Barbosa. *Comentários à Lei de Recuperação de Empresas e Falência*. São Paulo: Saraiva Educação, 2018.

SÃO PAULO. Tribunal de Justiça. Corregedoria Geral da Justiça. Processo 2020/75325 (296/2020-J). Publicado em 01.09.2020.

SÃO PAULO. Tribunal de Justiça. 1ª Câmara Reservada de Direito Empresarial. Apelação Cível 1015844-90.2019.8.26.0071. Rel. Des. Pereira Calças. Publicado em 18.09.2020.

SÃO PAULO. Tribunal de Justiça. 1ª Câmara Reservada de Direito Empresarial. Apelação Cível 1023772-89.2017.8.26.0224. Rel. Des. Cesar Ciampolini. Publicado em 30.01.2020.

SÃO PAULO. Tribunal de Justiça. Grupo de Câmaras Reservadas de Direito Empresarial. Enunciado VII, publicado em 22 de agosto de 2019. Disponível em: https://www.tjsp.jus.br/Download/Rodape/GrupoCamarasEmpresariaisEnunciados.pdf. Acesso em: 03.11. 2020.

SÃO PAULO. Tribunal de Justiça. 1ª Câmara Reservada de Direito Empresarial. Agravo de Instrumento 2184085-34.2016.8.26.0000. Rel. Des. Fortes Barbosa. Diário de Justiça eletrônico, 07 de novembro de 2016. Disponível em: https://esaj.tjsp.jus.br/. Acesso em: 05.11.2020.

SÃO PAULO. Tribunal de Justiça. Agravo de Instrumento 2248055-03.2019.8.26.0000; Relator (a): Ricardo Negrão; Órgão Julgador: 2ª Câmara Reservada de Direito Empresarial; Foro Central Cível – 36ª Vara Cível. Data do Julgamento: 01.06.2020.

SÃO PAULO. Tribunal de Justiça. Agravo de Instrumento 2149918-83.2019.8.26.0000; Relator (a): Alexandre Lazzarini; Órgão Julgador: 1ª Câmara Reservada de Direito Empresarial; Foro Central Cível – 1ª Vara de Falências e Recuperações Judiciais; Data do Julgamento: 05.02.2020.

SÃO PAULO. Tribunal de Justiça. Agravo de Instrumento 2213026-57.2017.8.26.0000; Relator (a): Hamid Bdine; Órgão Julgador: 1ª Câmara Reservada de Direito Empresarial; Foro de Itapetininga - 4ª Vara Cível. Data do Julgamento: 07.03.2018.

SÃO PAULO. Tribunal de Justiça. Agravo de Instrumento 2248055-03.2019.8.26.0000; Relator (a): Ricardo Negrão; Órgão Julgador: 2ª Câmara Reservada de Direito Empresarial; Foro Central Cível – 36ª Vara Cível; Data do Julgamento: 01/06/2020.

SÃO PAULO. Tribunal de Justiça. Agravo de Instrumento 2171492-02.2018.8.26.0000; Relator (a): Araldo Telles; Órgão Julgador: 2ª Câmara Reservada de Direito Empresarial. Foro Central Cível – 2ª Vara de Falências e Recuperações Judiciais. Publicado em 25.09.2019.

SÃO PAULO. Tribunal de Justiça. 1ª Câmara Reservada de Direito Empresarial. Agravo de Instrumento 0194436-42.2012.8.26.0000. Rel. Des. Teixeira Leite. Publicado em 06.10.2012.

SÃO PAULO. Tribunal de Justiça. Processo n. 0035171-19.2017.8.26.0100. Magistrado Tiago Henriques Papaterra Limongi. Decisão publicada em 16.06.2020.

SCALZILLI, João Pedro, SPINELLI, Luis Felipe e TELLECHEA, Rodrigo. *Recuperação de empresas e falência: teoria e prática na Lei 11.101/205*, São Paulo: Almedina, 2016.

SZTAJN, Rachel. *Comentários à Lei de recuperação de empresas e falência*: Lei 11.101/2005. Coordenação Francisco Satiro de Souza Junior, Antônio Sergio A. de Moraes Pitombo. São Paulo: Ed. RT, 2005.

AS NOVAS ATRIBUIÇÕES DO ADMINISTRADOR JUDICIAL NA REFORMA DO ARTIGO 22 DA LEI DE FALÊNCIAS E RECUPERAÇÕES JUDICIAIS

Ricardo de Moraes Cabezón

Doutorando pela Faculdade de Direito da Universidade de São Paulo. Mestre em Direitos Difusos e Coletivos pela Unimes. Especialista em Direito Processual pela Unip e docência do Ensino Superior pela UFRJ. Professor universitário de curso de graduação e pós-graduação em Direito. Advogado, Administrador Judicial. Sócio-administrador da Cabezón Administração Judicial Eireli.

Sumário: 1. Introdução. 2. A reforma da Lei 11.101/2005. 2.1 O esquecimento do legislador. 2.2 As novas atribuições do administrador judicial insculpidas no artigo 22 da LFR. 2.2.1 As atribuições do administrador judicial incluídas no artigo 22 comuns aos procedimentos recuperacionais e falenciais. 2.2.2 As atribuições do administrador judicial específicas ao procedimento recuperacional contidas no artigo 22 da LFR. 2.2.3 As atribuições do artigo 22 específicas ao processo falimentar aos administradores judiciais. 3. Conclusão. 4. Referências.

1. INTRODUÇÃO

O administrador judicial é um personagem indispensável ao sucesso e bom andamento dos procedimentos concursais, ao qual Trajano Miranda Valverde atribui a natureza jurídica de "órgão auxiliar da justiça",[1] ou seja, de um elemento integrante da estrutura processual recuperacional ou falimentar inerente à própria organização judiciária.

Rubens Requião dedica a seguinte observação:

> [...] sua importância é ressaltada pelos juristas, tendo Percerou e Desserteaux observado que é o órgão essencial da falência, e ninguém, dentro do processo, tem um lugar comparável ao seu. Não há nada de exagerado, acentua esses autores, em dizer que é sobretudo de seu valor e profissional que depende, de fato, o sucesso da instituição.[2]

A nomenclatura utilizada para designar a pessoa[3] que exerce o referido múnus público passou por vários aprimoramentos não só do aspecto terminológico, como também do cabedal de deveres e responsabilidades daqueles que desempenhavam tal mister.

---

1. VALVERDE, Trajano de Miranda. *Comentários a Lei de Falências*. 2. ed. Rio de Janeiro: Forense, 1955. v. II, p. 101.
2. REQUIÃO, Rubens. *Curso de direito falimentar*. Falência. 6. ed. São Paulo: Saraiva, 1981. v. 1, p. 209.
3. Física ou jurídica, como se verá nos termos do parágrafo único do artigo 21 da Lei 11.101/2005.

Inicialmente denominado "curador fiscal provisório",[4] passando a "síndico"[5] e "comissário",[6] a atual nomenclatura "administrador judicial"[7][8] surge na Lei 11.101/2005[9] para designar o agente nomeado a critério do juízo, presidente do procedimento[10] nos termos do artigo 21[11] da Lei de Falências e Recuperações Judiciais (LFR) com *expertise* na área jurídica, contábil, administrativa e/ou econômica, podendo inclusive ser pessoa jurídica especializada, hipótese que ensejará escolher um profissional específico para condução do processo que não poderá ser substituído sem autorização do magistrado.

A lei silencia-se quanto à possibilidade de nomear dois ou mais administradores judiciais, porém, na prática, não é incomum que equipes se unam ou mesmo utilizem uma Sociedade com Propósito Específico (SPE) apenas para determinado procedimento,[12] devendo, contudo, a exemplo dos termos do parágrafo único do artigo 21 retrocitado, ter um profissional responsável pelas obrigações e encargos assumidos em respeito ao princípio da identidade física do responsável pela função.

Nesse sentido, em que pese o artigo 21 franquear ao juiz a possibilidade de nomear advogados, contadores, economistas ou administradores, o bom andamento dos procedimentos concursais, diante dos desafios impostos cotidianamente, exige o manejo de diversas situações de distintos ramos e peculiaridades, demandando a busca por profissionais ou equipes especializadas que reúnam várias *expertises*, tendo em vista que o exercício da função exige conhecimento jurídico amplo (direito empresarial, consumerista,

---

4. Termo utilizado na Lei 556/1850 (Código Comercial de 1850).
5. Terminologia adotada no Decreto 917/1890, na Lei 859/1902, na Lei 2.024/1908 e no Decreto 7.661/1945 (apenas na falência).
6. Nome usado pelo legislador para designar o auxiliar do juízo na concordata nos termos do Decreto 7.661/1945.
7. A despeito da atual terminologia que unificou o síndico e o comissário do Decreto 7.661/1945, João Pedro Scalzilli, Luis Felipe Spinelli e Rodrigo Tellechea salientam que melhor seria se o legislador tivesse denominado "liquidante judicial" na falência e "fiscal judicial" em virtude das distintas atribuições que desempenham nos dois procedimentos (*Recuperação de empresas e falência*: teoria e prática da Lei 11.101/2005. São Paulo: Almedina, 2016. p. 158.).
8. Alfredo Luiz Kugelmas e Fabricio Godoy de Souza também salientam o descontentamento com a nova terminologia: "Nestes dez anos de vigência da lei, percebemos que foi na realidade um equívoco a alteração da denominação de síndico e comissário para administrador judicial, uma vez que o profissional é invariavelmente confundido com o sócio, diretor ou efetivo administrador da devedora. São inúmeras as confusões e transtornos causados aos administradores judiciais e por isso sugere-se uma mudança para interventor judicial" (O papel do administrador judicial na recuperação e na falência. In: ABRÃO, Carlos Henrique; ANDRIGHI, Fatima Nancy; BENETI, Sidnei (Coord.). *10 anos de vigência da Lei de Recuperação e Falência* (Lei n. 11.101/05). São Paulo: Saraiva, 2015. p. 219).
9. A despeito da nomenclatura, salienta Marcelo Barbosa Sacramone que "o administrador judicial apenas excepcionalmente exerce as atividades de administração do devedor. Na recuperação judicial, a atividade de administração ocorre excepcionalmente na hipótese de afastamento do devedor de suas funções até a eleição do gestor judicial (art. 65, § 1.º). Na falência, apenas se for autorizada a continuidade provisória dos negócios do falido (art. 99, XI)" (*Comentários à Lei de Recuperações de Empresas e Falência*. São Paulo: Saraiva Educação, 2018. p. 116).
10. Vide artigos 52, I, e 99, IX, da LFR.
11. LFR, artigo 21. "O administrador judicial será profissional idôneo, preferencialmente advogado, economista, administrador de empresas ou contador, ou pessoa jurídica especializada.
    Parágrafo único. Se o administrador judicial nomeado for pessoa jurídica, declarar-se-á, no termo de que trata o art. 33 desta Lei, o nome de profissional responsável pela condução do processo de falência ou de recuperação judicial, que não poderá ser substituído sem autorização do juiz."
12. Segundo Marcelo Barbosa Sacramone, "embora a Lei, ao fazer menção a administrador judicial, sempre o faça no singular, não há óbice à nomeação de mais do que um administrador judicial para a realização das atribuições no mesmo processo" (*Comentários à Lei de Recuperações de Empresas e Falência*. São Paulo: Saraiva Educação, 2018. p. 117), no entanto lembra que esse fato não pode ensejar prejuízo à massa ou a devedora em ônus financeiro superior ao que já se prevê na lei, cabendo assim a partilha da remuneração fixada (Idem, p. 118).

administrativo, contratual, trabalhista, entre outros), análises contábeis e financeiras, realização de vistorias, visão empresarial, acompanhamento do mercado de capitais, contato com credores, mediação de conflitos, participação em audiências, lacração do estabelecimento empresarial falido, localização e arrematação de ativos, fiscalização de ilícitos e fraudes, arrecadação, liquidação, bem como a atuação em múltiplas atividades muito penosas para um único profissional.[13]

Portanto, o legislador, no *caput* do artigo 21 da LFR, expressamente consigna que o administrador judicial será "profissional idôneo"[14] de confiança do juiz, uma vez que o auxiliará durante toda a trajetória processual.

Outro fator muito observado e recomendado consubstancia-se na especial dedicação desse agente. Nesse esteio, é importante que o profissional nomeado (ou banca), caso seja advogado(a), não atue profissionalmente como patrono(a) de credor ou devedor na vara em que fora designado para o exercício da nobre função em outro procedimento, o que exigirá uma escolha, a abdicação do exercício da advocacia em prol da dedicação exclusiva a tal mister no referido juízo.

Na recuperação judicial, cujo objetivo está delineado nos termos do artigo 47 da LFR, temos na figura do administrador judicial, um instrumento de implementação da política legislativa, ou seja, o exercício de suas atribuições fiscalizatórias visam não só constatar o implemento de medidas efetivas para superação da crise e preservação da empresa, como também o efetivo zelo pelo bom andamento do procedimento, salientando, como asseverado pela Corte paulista, que "Administrador Judicial é auxiliar do juízo, e não assessor jurídico da sociedade em recuperação judicial",[15] razão pela qual deve desempenhar suas atribuições atento às determinações do artigo 22, imbuído do espírito do artigo 47, com isenção, não sendo admitido que se imiscua na tomada de decisões ou estratégias negociais da empresa em crise, ou mesmo com credores para que adotem determinada postura perante a devedora.

Marcelo Barbosa Sacramone, a despeito do exercício da função de administrador judicial, assevera:

> Suas atividades devem ser desenvolvidas não para proteção do exclusivo interesse dos credores, ou dos devedores, mas para a persecução do interesse público decorrente da regularidade do procedimento falimentar e recuperacional.[16]

Jamais se pode olvidar, entretanto, que a postura do administrador judicial enseja análise serena e técnica dos documentos e créditos que lhe são submetidos, por meio de uma atuação cautelosa, proba e transparente, a fim de que o juízo, o representante do

---

13. A expressão "administrador judicial" aparece 123 vezes no corpo da Lei 11.101/2005, o que revela a importância do referido agente para o procedimento.
14. O vocábulo "idôneo", em consulta ao léxico *Oxford Dictionaries*, é uma palavra de origem etimológica latina "idonĕus,a,um", e significa "conveniente, bom, útil, digno, estimado, firme, que está em bom estado"; "adequado, próprio, que convém perfeitamente"; "que tem condições para desempenhar certos cargos, certas funções; apto, capaz, competente". Disponível em https://languages.oup.com/. Acesso em: 21.01.2021.
15. TJSP, 1.ª Câmara Reservada de Direito Empresarial, AI 2238274-88.2018.8.26.0000, Rel. Des. Azuma Nishi, j. 17.04.2019.
16. SACRAMONE, Marcelo Barbosa. *Comentários à Lei de Recuperações de Empresas e Falência*. São Paulo: Saraiva Educação, 2018. p. 115.

Parquet, credores, devedora e interessados tenham conhecimento de suas constatações e análises, almejando sempre a proatividade saudável à otimização do procedimento.

Sheila Cerezetti, ao tratar da atuação do administrador judicial, assim menciona:

> A atuação do administrador judicial, portanto, é responsável pelo fornecimento de adequadas informações aos participantes da recuperação judicial. Trata-se de medida de extrema valia não apenas para os credores, envolvidos diretamente no caso, mas também para todos aqueles que de alguma forma foram atingidos pela crise empresarial. A manifestação do administrador é mecanismo capaz de indicar, a todos aqueles que tenham interesse no caso, qual a atual situação do devedor e sua aptidão para o cumprimento do plano e de outras responsabilidades assumidas.[17]

Passaremos a seguir à análise das principais nuances da Lei 11.101/2005 acerca do exercício da administração judicial nos procedimentos concursais com enfoque nos reflexos da reforma proposta pela Lei 14.112/2020.

2. A REFORMA DA LEI 11.101/2005

As funções do administrador judicial no procedimento recuperacional emanam precipuamente de seu dever de *vigilância* sobre as atividades da devedora e se traduzem objetivamente em três pontos: (i) fiscalização das atividades da recuperanda (ou seja, pela verificação se a empresa está em sintonia com os propósitos do instituto da recuperação, gerando empregos, receitas, recolhendo tributos, circulando bens e serviços, entre outras nuances), comunicando periodicamente em seu relatório de prestação de contas mensal sobre as atividades da devedora; (ii) acompanhamento do cumprimento do Plano de Recuperação Judicial (desde a propositura deste, apontando ilegalidades e contradições, e após sua aprovação e homologação do juízo na verificação de seu cumprimento, exigindo documentação comprobatória e noticiando eventuais ocorrências a devedora, juízo, credores, Ministério Público e demais interessados); e (iii) zelando pela conduta processual e material da devedora (em momento anterior e posterior à aprovação do Plano de Recuperação Judicial).

No tocante ao procedimento falencial no qual há uma postura executiva coletiva, a atuação do administrador judicial pode ser sintetizada em: (i) representação judicial e extrajudicial da massa falida (defesa dos interesses da massa em juízo, como autor ou réu e fora dele)[18]; (ii) arrecadação dos ativos (identificação e busca de ativos, cobrança de créditos, atividade investigativa no interesse dos credores etc.); (iii) administração dos bens da massa com intuito de otimizar o resultado do procedimento; (iv) buscar meios para avaliação dos ativos e alienação com eficiência; (v) pagamento aos credores (rateio nos termos da lei); e (vi) apresentação de subsídios ao juízo e ao Ministério Público para fins de responsabilização civil e penal dos envolvidos em fraudes e ilícitos.

A pluralidade de administradores judiciais existentes e a forma peculiar como cada qual lidava com o cumprimento de suas obrigações, associada à necessidade de o juízo se

---

17. CEREZETTI, Sheila Christina Neder. *A recuperação judicial de sociedade por ações*. O princípio da preservação da empresa na Lei de Recuperação e Falência. São Paulo: Malheiros, 2012. p. 421.
18. Importante destacar que o Administrador Judicial, caso pretenda realizar algum acordo que enseje ato de disposição do acervo da Massa Falida ou renúncia de direitos deverá consultar formalmente o Juízo nos autos falimentares.

manter informado sobre a real situação da empresa de forma mais clara e objetiva, que se traduza em maior transparência aos credores e efetividade ao procedimento, culminou em 2020 na padronização de relatórios dos administradores judiciais.

A primeira delas de que temos conhecimento ocorreu no âmbito do Tribunal de Justiça do Estado de São Paulo, por meio do Processo 2020/75325, da e. Corregedoria-Geral da Justiça, disponibilizado no *DJe* de 18 de agosto de 2020,[19] seguida da publicação da Recomendação 72, de 19 de agosto de 2020, do Conselho Nacional de Justiça.[20]

Depois de uma rápida leitura dos referidos documentos, é possível notar, de forma cristalina, que o exercício da Administração Judicial atualmente enseja maior grau de profissionalização, o que, por outro enfoque, acabou por mitigar a atuação de profissionais, cujas estrutura e *expertise* os limitam apenas a áreas isoladas do conhecimento (*v.g.*: jurídica, contábil, administrativa ou econômica), reforçando o argumento *retro* de que o desenvolvimento e a diversificação de *expertises* de várias áreas do conhecimento para atendimento a toda a pluralidade de questões que surgem no procedimento se tornaram uma necessidade, demandando investimentos permanentes para um melhor desempenho profissional do administrador judicial.

Logo, apesar da exigência de profissionalização dos quadros de Administração Judicial, justa e necessária ao procedimento, causou apreensão o acompanhamento dos trâmites do Projeto de Lei 6.229/2005 nas casas legislativas, em momento antecedente à promulgação da Lei 14.112/2020, diante de previsões pitorescas surgidas no decorrer dos debates sobre critérios de nomeação dos administradores judiciais e suas respectivas atuações.

Com a promulgação da norma reformista, prevaleceu o intuito do legislador em imprimir à figura do administrador judicial um perfil proativo e especializado, o que refletiu no aumento da previsão de encargos para o sucesso do procedimento, que serão comentados em item adiante.

2.1 O esquecimento do legislador

Muito embora a legislação tenha possibilitado que novos ares adentrassem no procedimento, e, no tocante ao administrador judicial, ampliando sua participação e conferindo-lhe maior envolvimento, deixou de observar a contrapartida, ou seja, de cuidar de pontos vulneráveis que garantissem sua existência e a prestação de seus bons serviços.

Em tempos atuais, em que se exigem profissionalização, proatividade, dedicação exclusiva e integral, por mais que se evite abordar esse assunto abertamente, é indispensável que se assegure alguma prerrogativa à manutenção dos administradores judiciais e de suas numerosas e valorosas equipes.

Perdeu-se a oportunidade de considerar a remuneração destinada ao administrador judicial a custos do processo[21], ensejando decretação de quebra da recuperanda diante

---

19. Disponível em: https://api.tjsp.jus.br/Handlers/Handler/FileFetch.ashx?codigo=120942. Acesso em: 21.01.2021.
20. Disponível em: https://atos.cnj.jus.br/files/original201650202008245f442032966ff.pdf. Acesso em: 21.01.2021.
21. Atualmente existe o entendimento de que a natureza da remuneração do Administrador Judicial é de verba extraconcursal a ser paga nos termos do artigo 84 da Lei 11.101/05, reformado pela Lei 14.112/20 sobre o qual nos

de inadimplência, hipótese infelizmente costumeira e que apenas com colaboração e sensibilidade do juízo é resolvida,[22] tendo o administrador judicial que se expor e clamar recorrentemente pela possibilidade de perceber pelos seus préstimos.

Outra questão não observada, porém relevante ao administrador judicial, é relativa ao momento em que passa a ser devida sua remuneração. Presume-se que a prestação de serviço por um agente especializado deve ensejar a fixação de sua remuneração logo no início do procedimento, momento em que os gastos do administrador judicial inclusive são mais intensos na reunião de documentos, análise e formulação de pareceres individuais por credores, formatação de sua relação de créditos e assistência integral aos incidentes promovidos, porém não raramente – e em especial em juízos não especializados – temos sua fixação na homologação do Plano de Recuperação Judicial, situação que poderia ser reforçada, se o legislador estabelecesse o termo no texto legal, otimizando as rotinas do procedimento.

No tocante à habilitação dos créditos extraconcursais, houve, pela reforma da Lei de Falencial, uma verdadeira *capitis diminutio* ao administrador judicial. O legislador, ao tratar dos pagamentos, remanejou *do primeiro para o último lugar*, na ordem de recebimento, o administrador judicial e seus auxiliares, conforme dispõe o artigo 84 da Lei 11.101/2005. Nesse sentido, aquele que buscou a realização do ativo localizou os bens, arrecadou-os, levou à alienação, entregou aos arrematantes, zelou pela organização da liquidação e a submeteu ao juízo será o último da classe a receber, obviamente se assim remanescer disponibilidade financeira no acervo da massa, revelando nítido desconhecimento da realidade do auxiliar do juízo pela falta de contato com esse tipo de profissional, agravada pela ausência de efetiva representatividade da classe.

Passemos doravante a analisar, entre as alterações trazidas pela Lei 14.112/2020 à Lei 11.101/2005, os pontos pertinentes à regulação da atuação do administrador judicial contidos na redação do artigo 22 da LFR.

2.2 As novas atribuições do administrador judicial insculpidas no artigo 22 da LFR

A Lei 14.112/2020, ao propor uma reforma na Lei 11.101/2005, acentuou a relevância dos préstimos do administrador judicial no procedimento, ampliando sua participação, asseverando maiores contornos obrigacionais, sedimentando novos procedimentos e criando algumas outras obrigações dele decorrentes, que, em sintonia com as mudanças ocorridas nos últimos anos, exigem especialização e proatividade.

No artigo 22 da norma, dedicado a regular a atuação do administrador judicial desde a primeira edição da norma falencial, encontramos um rol de atribuições que podem ser

---

pronunciaremos ainda no presente tópico.
22. *A contrario sensu* do atual legislador que se omitiu acerca da questão, citem-se como exemplo os i. julgados do Tribunal de Justiça do Estado de São Paulo, que reconheceram na ausência do pagamento do administrador elementos que ensejam a decretação da quebra da devedora: (1) TJSP, 2ª Câmara Reservada de Direito Empresarial, Agravo de Instrumento 2245048-03.2019.8.26.0000, Rel. Des. Grava Brazil, j. 26.022020; (2) TJSP, 2ª Câmara Reservada de Direito Empresarial, Foro Central Cível – 2ª Vara de Falências e Recuperações Judiciais, Agravo de Instrumento 2182710-27.2018.8.26.0000, Rel. Araldo Telles, j. 13.05.2019, data de registro 14.05.2019; e (3) TJSP, 2ª. Câmara Reservada de Direito Empresarial, Agravo de Instrumento 2171769-52.2017.8.26.0000, Rel. Des. Ricardo Negrão, j. 25.07.2018.

divididas em três partes: (a) comuns tanto da recuperação judicial como da falência; (b) exclusivas da recuperação judicial; e (c) pertinentes apenas ao procedimento falencial, as quais abordaremos de forma individualizada.

2.2.1 As atribuições do administrador judicial incluídas no artigo 22 comuns aos procedimentos recuperacionais e falenciais

No rol do inciso I do artigo 22, encontravam-se nove atribuições ao administrador judicial na redação da Lei 11.101/2005,[23] atualmente ampliadas pela reforma para treze, as quais destacamos a seguir:

j) estimular, sempre que possível, a conciliação, a mediação e outros métodos alternativos de solução de conflitos relacionados à recuperação judicial e à falência, respeitados os direitos de terceiros, na forma do § 3º do art. 3º da Lei 13.105, de 16 de março de 2015 (Código de Processo Civil);

Tal hipótese, muito embora passou a constar expressamente apenas em 2020, já se tratava de uma realidade para o administrador judicial quando do exercício de seu encargo, ou seja, sua inserção apenas formalizou um dever obrigacional tácito, cabendo ao auxiliar do juízo integral cuidado na defesa e representação dos interesses da Massa Falida.

> k) manter endereço eletrônico na internet, com informações atualizadas sobre os processos de falência e de recuperação judicial, com a opção de consulta às peças principais do processo, salvo decisão judicial em sentido contrário;

Em que pese tal medida já estar sendo requerida ao administrador judicial em momento anterior à reforma e somente reforça o que vinha sendo cobrado, é importante salientar que a norma não exigiu da devedora igual responsabilidade.

Nesse sentido, cabem algumas ponderações especificamente dirigidas ao procedimento recuperacional.

O exercício da Administração Judicial ocorre em tempo substancialmente inferior ao prazo mediano comumente requerido pelas empresas em recuperação judicial de

---

23. Redação do artigo 22, I, da LFR até a promulgação da Lei 14.112/2020:
    "a) enviar correspondência aos credores constantes na relação de que trata o inciso III do *caput* do art. 51, o inciso III do *caput* do art. 99 ou o inciso II do *caput* do art. 105 desta Lei, comunicando a data do pedido de recuperação judicial ou da decretação da falência, a natureza, o valor e a classificação dada ao crédito;
    b) fornecer, com presteza, todas as informações pedidas pelos credores interessados;
    c) dar extratos dos livros do devedor, que merecerão fé de ofício, a fim de servirem de fundamento nas habilitações e impugnações de créditos;
    d) exigir dos credores, do devedor ou seus administradores quaisquer informações;
    e) elaborar a relação de credores de que trata o § 2º do art. 7º desta Lei;
    f) consolidar o quadro geral de credores nos termos do art. 18 desta Lei;
    g) requerer ao juiz convocação da assembleia geral de credores nos casos previstos nesta Lei ou quando entender necessária sua ouvida para a tomada de decisões;
    h) contratar, mediante autorização judicial, profissionais ou empresas especializadas para, quando necessário, auxiliá-lo no exercício de suas funções; e
    i) manifestar-se nos casos previstos nesta Lei".

dez anos, se considerarmos os relevantes dados estatísticos revelados pela Associação Brasileira de Jurimetria – Observatório da Insolvência.[24]

A referência do credor para o acompanhamento do processo durante o trâmite da recuperação judicial pauta-se pelas informações prestadas pelo administrador judicial em sua *homepage* e os dados publicizados no procedimento no Tribunal em que tramita.

Contudo, a partir da finalização do exercício fiscalizatório, o credor não terá mais informações sobre o andamento do Plano, seja em um ou em outro canal, momento em que a Lei 14.112/2020, ao tratar desse assunto, revela, ao que nos parece, uma falha no sentido de não prever ao devedor obrigação de manter espaço específico em seu *site* para noticiar aos credores dados sobre o andamento dos pagamentos até a finalização do Plano de Recuperação Judicial.

A saída para tal omissão pode ser corrigida por diligência do juízo recuperacional ao se determinar que a recuperanda disponibilize um canal próprio e permanente, até o fim do cumprimento do Plano de Recuperação Judicial, para que os credores possam acompanhar as medidas realizadas para adimplência do que fora estabelecido.

Importante consignar que muitas vezes o contato dos credores com a empresa devedora se dá por meio de seu patrono ou consultoria, cujos contratos de prestação de serviços findam, na maioria dos casos, com a homologação do Plano ou encerramento do período de fiscalização, razão pela qual o atendimento coletivo, uma espécie de central atendimento aos credores (CAC), em nosso entender, deve contemplar um espaço no próprio *site* ou estrutura da empresa que está em soerguimento até o efetivo cumprimento dos termos convencionados no Plano de Recuperação Judicial, não se restringindo apenas ao administrador judicial.

> l) manter endereço eletrônico específico para o recebimento de pedidos de habilitação ou a apresentação de divergências, ambos em âmbito administrativo, com modelos que poderão ser utilizados pelos credores, salvo decisão judicial em sentido contrário;

A ideia do legislador foi facilitar o contato do credor com o administrador judicial. Muito embora tal procedimento já fosse praxe em varas especializadas, por exemplo, do Tribunal de Justiça do Estado de São Paulo, antes da vigência da Lei 14.112/2020, a iniciativa busca homogeneizar procedimentos em âmbito nacional, eis que na fase administrativa, isto é, nos quinze dias que sucedem a publicação da relação de credores apresentada pela recuperanda, o credor tem a faculdade de não constituir advogado para habilitar ou impugnar seu crédito diretamente com o administrador judicial, e, dessa forma, estaria devidamente munido de informações para encaminhar os documentos necessários para seu intento.

> m) providenciar, no prazo máximo de 15 (quinze) dias, as respostas aos ofícios e às solicitações enviadas por outros juízos e órgãos públicos, sem necessidade de prévia deliberação do juízo;

Dentre várias finalidades da atuação do administrador judicial está a otimização do procedimento, aliviando a serventia e o juízo de alguns procedimentos meramente

---

24. Disponível em: https://abj.org.br/. Acesso em: 21.01.2021.

burocráticos que emanam dos procedimentos concursais, sejam eles recuperacionais ou falimentares.

Trata-se de uma autonomia no exercício da função do administrador judicial para formalidades ordinárias, a qual, pelo seu dever de transparência e fidelidade ao juízo no exercício de seu encargo, deve ser realizada e comunicada nos autos para ciência de todos os interessados.

Contudo, ressalve-se que certas respostas, quando demandam análise subjetiva do pedido ou trato de questões extraordinárias, exigem a submissão prévia ao juízo, momento em que caberá ao administrador informar a parte requerente que submeteu a questão ao magistrado do procedimento em virtude de especificidades que estão além de seu poder decisório, e que, tão logo tenha uma determinação, ele a noticiará em retorno.

Nesse sentido, o legislador poderia ter previsto preventivamente esse tipo de situação para que se evitasse eventual constrangimento ou pedido de responsabilização do administrador judicial por morosidade, fato que provavelmente será corrigido pela jurisprudência ou por ato normativo dos Tribunais.

2.2.2 As atribuições do administrador judicial específicas ao procedimento recuperacional contidas no artigo 22 da LFR

O inciso II do artigo 22 elencava quatro atribuições na redação da Lei 11.101/2005,[25] e atualmente a reforma ampliou para oito, consignando ainda alteração redacional na alínea "c", as quais destacamos a seguir:

> c) apresentar ao juiz, para juntada aos autos, relatório mensal das atividades do devedor, fiscalizando a veracidade e a conformidade das informações prestadas pelo devedor;

A Lei 14.112/2020 alterou a redação original da alínea "c" do inciso II do artigo 22, acrescentando uma segunda parte em que se determina a fiscalização da veracidade e conformidade das informações prestadas pelo devedor.

A proposta de redação originária do Projeto de Lei 6.229/2005, "atestar a veracidade e a conformidade das informações prestadas pelo devedor", causou imensa controvérsia entre os auxiliares do juízo, desencadeando muita preocupação, caso assim fosse inserida na legislação.

O fato é que o administrador, da maneira como se desenhou sua atuação, não tem como atestar a veracidade de informações ou documentos a ele submetidos unilateralmente pela devedora no curso do processo de forma independente.

O acompanhamento da rotina da devedora pelo administrador, por mais que se esforce, não pode ser comparado ao procedimento regulado e normatizado pela Co-

---

25. Redação do artigo 22, I, da LFR até a promulgação da Lei 14.112/2020:
   "a) fiscalizar as atividades do devedor e o cumprimento do plano de recuperação judicial;
   b) requerer a falência no caso de descumprimento de obrigação assumida no plano de recuperação; e
   c) apresentar ao juiz, para juntada aos autos, relatório mensal das atividades do devedor;
   d) apresentar o relatório sobre a execução do plano de recuperação, de que trata o inciso III do *caput* do art. 63 desta Lei".

missão de Valores Mobiliários (CVM) e pelo Instituto de Auditores Independentes do Brasil (Ibracon), por meio do qual se tem um exame independente com observância de preceitos próprios, aumentando o grau de confiança nas demonstrações financeiras, cujos prazos processuais e custos oriundos de tal atuação, entre outros aspectos, tornariam o procedimento recuperacional inexequível.

Malgrado, mesmo que todo administrador judicial laborasse como uma auditoria permanente na contabilidade da devedora, o objeto da proposta legislativa ainda assim não seria atingido, pois nem mesmo de uma auditoria é exigido atestar a "verdade" sobre alguma análise que realiza. A veracidade de informações, contudo, deve ser demandada do contador e do diretor da empresa devedora, aos quais cabe se responsabilizar pela apresentação dos dados e demonstrações contábeis que submetem a exame de terceiros.[26]

Portanto, a realização de auditoria, quando já não integra a realidade societária da devedora, pode ser requerida pelo administrador judicial, que muitas vezes, em incidente sigiloso, requer uma investigação diante de consistentes indícios de irregularidades, fraudes ou em face da necessidade de traduzir suspeitos lançamentos identificados que vêm se apresentando no curso da fiscalização realizada.

Logo, imputar ao administrador judicial tal ônus causou perplexidade por se revestir de uma imposição que está além dos préstimos oferecidos no mercado em geral, não podendo olvidar que a omissão deliberada por algumas devedoras é extremamente factível de ocorrência no ambiente recuperacional, e, apesar dos esforços habituais dos administradores judiciais, é certo que muitas empresas mantêm interesses escusos sob imenso sigilo, até mesmo de todo o conjunto societário e de seus patronos.

No entanto, apesar do arroubo de se obter acesso à verdade ou de ter alguém para se responsabilizar diante de eventual fraude descoberta futura, a redação final da alínea "c", II, do artigo 22 foi atenuada quando de sua aprovação pelo Poder Legislativo, com o emprego do termo "fiscalizar a veracidade", em vez de "atestar a veracidade".

Portanto, cabe ao administrador fiscalizar as informações prestadas pela devedora quando da formulação de seu relatório mensal de atividades da devedora, com a vênia pela crítica retrodescrita pautada pela inexorável dificuldade de atestar a "verdade" sobre algo, competindo assim ao administrador judicial diligenciar e informar nos autos (salvaguardados casos de investigação por fraude que demande sigilo processual para não desaparecerem as provas a serem obtidas) todas as vezes que não entender, não receber, suspeitar ou necessitar de dados complementares para validar algum lançamento.

---

26. Nas Normas de Auditoria Independente das Demonstrações Contábeis (NBC T11) emanadas do Conselho Federal de Contabilidade (disponíveis em: http://www.portaldecontabilidade.com.br/nbc/t11.htm) não temos previsão de regulamentação de atestar a veracidade pelo auditor, contudo encontra-se na cláusula 11.2.14 a orientação de que "o auditor deve obter carta que evidencie a responsabilidade da administração quanto às informações e dados e à preparação e apresentação das demonstrações contábeis submetidas aos exames de auditoria". Esse documento (Carta de Responsabilidade da Administração) deve ser emitido com a mesma data do parecer do auditor sobre as demonstrações contábeis a que ela se refere e permite a responsabilização pela veracidade das informações prestadas. A propósito, a regulação brasileira está na mesma linha internacional contida na Federação Internacional de Contabilidade.

e) fiscalizar o decurso das tratativas e a regularidade das negociações entre devedor e credores;

f) assegurar que devedor e credores não adotem expedientes dilatórios, inúteis ou, em geral, prejudiciais ao regular andamento das negociações;

Optou o legislador por incumbir formalmente o administrador judicial da fiscalização das tratativas negociais entre devedora e credores, fato que já era responsabilidade implícita no exercício da função por meio da qual se procura manter equilíbrio entre os agentes econômicos em sintonia com o princípio da *par conditio creditorum*.

Realmente, o acompanhamento das negociações pelo administrador judicial se revela fundamental e saudável ao procedimento, malgrado não se pode olvidar de que na maioria dos casos, antes mesmo de o pedido exordial da recuperação judicial ser protocolado, já se firmaram inúmeras negociações preliminares entre devedora e alguns credores, cabendo ao administrador judicial o zelo para que eventuais disparidades, quando detectadas, sejam informadas ao juízo, sobretudo quando da análise dos termos do Plano de Recuperação Judicial se identifique favorecimento ou tratamento díspar de credores.

É aconselhável, inclusive, que o administrador judicial se reúna com a devedora e os credores habilitados no procedimento para fomentar um ambiente sadio de negociação coletiva e possa até mesmo identificar postura, tanto da recuperanda quanto dos credores, que se apresente fechada ao diálogo.

Não obstante, é importante que alguns expedientes utilizados na negociação, tais como sucessivos pedidos de suspensão de conclaves, sejam fundados em motivos legítimos, cuja tentativa de procrastinação deve ser elidida para que predominem o ambiente propício à otimização do feito e a eliminação de artimanhas ou barreiras a sua fluidez, em outras palavras, deve ser evitado o alongamento injustificado do procedimento como forma de prorrogar ainda mais a data de início do pagamento da devedora.

Contudo, se mesmo na Assembleia o devedor propõe seguidamente suspensão do conclave para estudo de melhor proposta, ou para que haja tempo de circulação dos termos modificativos nos comitês da companhia, e os credores assim anuem, a atuação do administrador judicial e a do próprio juízo ficam restritas ao controle de legalidade e de verificar se as formalidades foram estritamente cumpridas.

Exigir que o administrador judicial acompanhe toda e qualquer negociação, adentrando no mérito para averiguar se há morosidade ou não no expediente adotado, no nosso sentir, submete-o ao trato de questão que tende a fugir do escopo de sua atuação e que poderá refletir no desinteresse de equipes especializadas em participar dos procedimentos recuperacionais, dado o manejo com peculiaridades subjetivas que transbordam a alçada do auxiliar do juízo num ambiente de negociação coletiva ordinário, cujo prazo para devolutiva é regulado pelas próprias partes ,sob pena de a proposta não ser aceita.

g) assegurar que as negociações realizadas entre devedor e credores sejam regidas pelos termos convencionados entre os interessados ou, na falta de acordo, pelas regras propostas pelo administrador judicial e homologadas pelo juiz, observado o princípio da boa-fé para solução construtiva de consensos, que acarretem maior efetividade econômico-financeira e proveito social para os agentes econômicos envolvidos;

O encargo do qual o administrador judicial passou a ser imbuído na alínea "g", numa rápida leitura, parece ser algo simples, algo ligado à manutenção do ambiente negocial saudável e harmônico entre as partes.

No entanto, ao se analisar com a devida atenção, nota-se que o administrador judicial, na ausência de parâmetros negociais ou falta de acordo entre credor e devedor, passa a ter o dever supletivo de propor regras que viabilizem o consenso entre as partes.

Nesse ponto, cabe aduzir que a questão merece muita cautela, pois a redação utilizada no dispositivo tende a colocar o administrador judicial e, no segundo plano, o próprio juízo como guardiães e reguladores da efetividade das negociações, competência essa que tornará o administrador judicial, especialmente, potencial alvo de duras críticas de insatisfação tanto de credores quanto da devedora que, diante de um quadro em que há muita resistência ao diálogo ou beligerância processual, se pugne por sua substituição, pois aparentemente delega-se o compromisso de regular as negociações visando "efetividade econômico-financeira e proveito social", algo impraticável em um ambiente de negociação coletiva cuja prerrogativa de se ajustar com os credores é do devedor (e vice-versa).

Ademais, a redação proposta enseja ser clarificada, eis que criar o dever de estabelecer uma regulação que propicie efetividade econômico-financeira e proveito social carece de maiores explicações, até porque tal comando deverá ser executado sem se adentrar no mérito do que está sendo negociado.

O administrador judicial deve se ater especificamente ao estabelecimento de um clima de respeito e diálogo entre as partes, eis que o valor do crédito ou sua classificação não está a ele disponível, tampouco cabe-lhe adentrar no mérito das negociações, cuja prerrogativa de aceitar ou recusar é uma premissa sagrada do credor.

Nesse ponto, a redação, da forma como inserida no diploma recuperacional, parece imputar tal dever ao administrador judicial, o que tende a tumultuar o processo e responsabilizá-lo pela falta de habilidade negocial da devedora ou mesmo pela grande expectativa acalentada pelo credor.

> h) apresentar, para juntada aos autos, e publicar no endereço eletrônico específico relatório mensal das atividades do devedor e relatório sobre o plano de recuperação judicial, no prazo de até 15 (quinze) dias contado da apresentação do plano, fiscalizando a veracidade e a conformidade das informações prestadas pelo devedor, além de informar eventual ocorrência das condutas previstas no art. 64 desta Lei;

O último acréscimo da reforma do inciso II do artigo 22 paira na alínea "h" e trata da obrigatoriedade não só de acostar aos autos, mas de publicizar o relatório mensal de atividades da devedora – RMA e o relatório do Plano de Recuperação Judicial em endereço eletrônico específico, ou seja, no *site* do administrador judicial, em sintonia com a fiscalização da veracidade e conformidade das informações prestadas pelo devedor já inclusa na alínea "c" ao tratar do RMA, cujas observações retrocidadas recomendamos a leitura.

Ressalta-se ademais a necessidade de noticiar eventual ocorrência das condutas previstas no artigo 64 da LFR,[27] a fim de que o juízo recuperacional possa adotar alguma

---

27. "Art. 64. Durante o procedimento de recuperação judicial, o devedor ou seus administradores serão mantidos na condução da atividade empresarial, sob fiscalização do Comitê, se houver, e do administrador judicial, salvo se qualquer deles:

medida preventiva, como a fiscalização *in loco*, ou, se constatada alguma hipótese, a destituição do administrador da empresa, que ocorrerá na forma prevista nos atos constitutivos do devedor ou do plano de recuperação judicial (parágrafo único do artigo 64 da LFR).

2.2.3 As atribuições do artigo 22 específicas ao processo falimentar aos administradores judiciais

O inciso III do artigo 22 elencava dezessete atribuições do administrador judicial na redação da Lei 11.101/2005,[28] as quais foram atualmente ampliadas pela reforma

---

I – houver sido condenado em sentença penal transitada em julgado por crime cometido em recuperação judicial ou falência anteriores ou por crime contra o patrimônio, a economia popular ou a ordem econômica previstos na legislação vigente;

II – houver indícios veementes de ter cometido crime previsto nesta Lei;

III – houver agido com dolo, simulação ou fraude contra os interesses de seus credores;

IV – houver praticado qualquer das seguintes condutas:

a) efetuar gastos pessoais manifestamente excessivos em relação a sua situação patrimonial;

b) efetuar despesas injustificáveis por sua natureza ou vulto, em relação ao capital ou gênero do negócio, ao movimento das operações e a outras circunstâncias análogas;

c) descapitalizar injustificadamente a empresa ou realizar operações prejudiciais ao seu funcionamento regular;

d) simular ou omitir créditos ao apresentar a relação de que trata o inciso III do *caput* do art. 51 desta Lei, sem relevante razão de direito ou amparo de decisão judicial;

V – negar-se a prestar informações solicitadas pelo administrador judicial ou pelos demais membros do Comitê;

VI – tiver seu afastamento previsto no plano de recuperação judicial.

Parágrafo único. Verificada qualquer das hipóteses do *caput* deste artigo, o juiz destituirá o administrador, que será substituído na forma prevista nos atos constitutivos do devedor ou do plano de recuperação judicial."

28. "III – na falência:

a) avisar, pelo órgão oficial, o lugar e hora em que, diariamente, os credores terão à sua disposição os livros e documentos do falido;

b) examinar a escrituração do devedor;

c) relacionar os processos e assumir a representação judicial da massa falida;

d) receber e abrir a correspondência dirigida ao devedor, entregando a ele o que não for assunto de interesse da massa;

e) apresentar, no prazo de 40 (quarenta) dias, contado da assinatura do termo de compromisso, prorrogável por igual período, relatório sobre as causas e circunstâncias que conduziram à situação de falência, no qual apontará a responsabilidade civil e penal dos envolvidos, observado o disposto no art. 186 desta Lei;

f) arrecadar os bens e documentos do devedor e elaborar o auto de arrecadação, nos termos dos arts. 108 e 110 desta Lei;

g) avaliar os bens arrecadados;

h) contratar avaliadores, de preferência oficiais, mediante autorização judicial, para a avaliação dos bens caso entenda não ter condições técnicas para a tarefa;

i) praticar os atos necessários à realização do ativo e ao pagamento dos credores;

j) requerer ao juiz a venda antecipada de bens perecíveis, deterioráveis ou sujeitos a considerável desvalorização ou de conservação arriscada ou dispendiosa, nos termos do art. 113 desta Lei;

l) praticar todos os atos conservatórios de direitos e ações, diligenciar a cobrança de dívidas e dar a respectiva quitação;

m) remir, em benefício da massa e mediante autorização judicial, bens apenhados, penhorados ou legalmente retidos;

n) representar a massa falida em juízo, contratando, se necessário, advogado, cujos honorários serão previamente ajustados e aprovados pelo Comitê de Credores;

o) requerer todas as medidas e diligências que forem necessárias para o cumprimento desta Lei, a proteção da massa ou a eficiência da administração;

para dezoito, consignando ainda alteração redacional nas alíneas "c" e "j", as quais destacamos a seguir:

> c) relacionar os processos e assumir a representação judicial e extrajudicial, incluídos os processos arbitrais, da massa falida;

Na atual redação, passou a ser incluso o dever do administrador judicial de representar a massa falida também nos procedimentos extrajudiciais e/ou arbitrais, cuja previsão expressa inexistia.

Mister salientar, entretanto, que permanece a limitação contida nos termos do artigo 22, § 3º,[29] que estabelece vedação ao administrador judicial de transigir sem autorização do juízo, ouvidos o Comitê (se houver) e o Ministério Público.[30]

> j) proceder à venda de todos os bens da massa falida no prazo máximo de 180 (cento e oitenta) dias, contado da data da juntada do auto de arrecadação, sob pena de destituição, salvo por impossibilidade fundamentada, reconhecida por decisão judicial;

A intenção do legislador evidentemente foi a de imprimir maior celeridade ao procedimento falencial com intuito de otimizar em 180 dias a alienação de todo o ativo da massa falida pela Administração Judicial, a qual, inclusive, não se sujeitará à aplicação do conceito de preço vil.[31]

Com efeito, tudo o que puder minorar o tempo de tramitação de um procedimento complexo e coletivo, como a falência, revela-se louvável, entretanto preocupa a forma como o legislador inseriu tal comando na lei, sobretudo a sanção imposta ao administrador judicial por eventual inadimplemento: sua destituição.

---

p) apresentar ao juiz para juntada aos autos, até o 10.º (décimo) dia do mês seguinte ao vencido, conta demonstrativa da administração, que especifique com clareza a receita e a despesa;

q) entregar ao seu substituto todos os bens e documentos da massa em seu poder, sob pena de responsabilidade;

r) prestar contas ao final do processo, quando for substituído, destituído ou renunciar ao cargo.

§ 1º As remunerações dos auxiliares do administrador judicial serão fixadas pelo juiz, que considerará a complexidade dos trabalhos a serem executados e os valores praticados no mercado para o desempenho de atividades semelhantes.

§ 2º Na hipótese da alínea d do inciso I do caput deste artigo, se houver recusa, o juiz, a requerimento do administrador judicial, intimará aquelas pessoas para que compareçam à sede do juízo, sob pena de desobediência, oportunidade em que as interrogará na presença do administrador judicial, tomando seus depoimentos por escrito.

§ 3º Na falência, o administrador judicial não poderá, sem autorização judicial, após ouvidos o Comitê e o devedor no prazo comum de 2 (dois) dias, transigir sobre obrigações e direitos da massa falida e conceder abatimento de dívidas, ainda que sejam consideradas de difícil recebimento.

§ 4º Se o relatório de que trata a alínea e do inciso III do caput deste artigo apontar responsabilidade penal de qualquer dos envolvidos, o Ministério Público será intimado para tomar conhecimento de seu teor.

29. "§ 3º Na falência, o administrador judicial não poderá, sem autorização judicial, após ouvidos o Comitê e o devedor no prazo comum de 2 (dois) dias, transigir sobre obrigações e direitos da massa falida e conceder abatimento de dívidas, ainda que sejam consideradas de difícil recebimento."

30. A respeito do tema, Alfredo Luiz Kugelmas e Fabricio Godoy de Souza asseveram que: "Este dispositivo legal prega pela higidez ética e evita possíveis falhas do administrador judicial e manifesta difícil probabilidade, mas não uma impossibilidade de transação para abatimento de dívida dos devedores" (O papel do administrador judicial na recuperação e na falência. In: ABRÃO, Carlos Henrique; ANDRIGHI, Fatima Nancy; BENETI, Sidnei (coord.). 10 anos de vigência da Lei de Recuperação e Falência (Lei n. 11.101/05). São Paulo: Saraiva, 2015. p. 215).

31. Consoante dispõe o artigo 142, § 2.º-A, V, da LFR.

Comecemos tratando da destituição para depois acentuarmos o motivo pelo qual ela se mostra uma medida excessiva (ou não).

Para Joice Ruiz Bernier, "a destituição é sanção imposta ao administrador judicial em decorrência da desobediência dos deveres e obrigações que lhe são atribuídos no momento da investidura no cargo",[32] a qual, uma vez decretada, irradia efeitos entre os quais, além de retirá-lo do procedimento de que estava encarregado, afasta-o de atuar em todos os outros de que eventualmente estiver cuidando no País, perdendo direito de remuneração e alijando o profissional do mercado sob a pecha depreciativa de ter sido punido por ilegalidade, o que soa como uma "expulsão, demissão, inservibilidade".

Tem-se, portanto, que a destituição (ao contrário da substituição, medida que ocorre por conveniência e oportunidade do juízo, mais adequada à questão, em nosso entender) é uma medida extrema que fulmina a trajetória profissional do administrador judicial.

Outro aspecto que merece ser analisado no citado dispositivo refere-se ao uso da terminologia "proceder à venda" em 180 dias.

O termo é amplo e suscita dúvidas, até porque seu não cumprimento, como visto anteriormente, é determinante para a vida ou morte de um profissional da administração judicial.

O que estaria determinando o legislador? Proceder à venda consiste em arrecadar, realizar a avaliação e posterior leilão? É contar, em 180 dias, com um interessado que tenha ofertado um lance no leilão do bem? E se apenas alguns dentre milhares de itens não tiverem sido arrematados? A venda se constata com a verificação do depósito realizado? Ou da expedição da carta de arrematação? Ou seria após a assinatura do arrematante, com a subsequente disponibilização do bem adquirido pelo administrador? Doação de alguns itens arrecadados que não servem nem para alienação como sucata pode ser requerida quando o legislador diz que, em 180 dias, deve ocorrer a "venda"? Enfim, com o decorrer do tempo, diante dessas e de outras perguntas, caberá à jurisprudência, com o tempo, nos orientar a como proceder.

Não obstante a imprecisão jurídica, deve-se ainda considerar que os procedimentos falenciais se diferem muito uns dos outros, cada qual com sua peculiar complexidade, tais como segmento em que empresa atuava (agronegócio, varejo, têxtil, calçados, alimentos, insumos hospitalares, turismo, bares, restaurantes, indústria, entretenimento, construção civil, aviação etc.), os locais onde se encontram os ativos, tipos de ativos existentes (bem móveis materiais ou imateriais, imóveis, semoventes etc.), estado dos ativos (bom, regular, sucata etc.), tamanho dos bens (itens muito grandes que demandam obstrução do trânsito para deslocamento ou minúsculos que ensejam acondicionamento prévio), peso, forma de preservação (temperatura, umidade etc.), ausência de documentos escriturais, número de credores, entre outros.

Sobre tal característica salientam Alfredo Luiz Kugelmas e Fabricio Godoy de Souza: "Em arrecadações, as mais insólitas situações podem ocorrer e dificilmente se pode

---

32. BERNIER, Joice Ruiz. *Administrador judicial*. São Paulo: Quartier Latin, 2016. p. 157.

descrever todas, pois só a experiência prática leva ao mais adequado procedimento a ser tomado".[33]

Nesse compasso, verifica-se o grau de dificuldade encontrado pelo administrador judicial ao efetuar a arrecadação dos bens e, pior, realizar sua manutenção, remoção e guarda, empregando esforços para avaliação e venda.

O fato é que o administrador judicial, apesar de, na maioria dos casos, contar com uma equipe de colaboradores, necessita de terceiros para carga e descarga dos bens, auxílio de transporte na remoção; loteamento; embalagem, guarda e zelo dos bens; na realização do leilão, e não raramente para avaliação e prestação de outros serviços (guarda do local, manutenção, troca de fechaduras, instalação de ofendícula etc.).

Em reforço, cabe salientar que nesse somatório de esforços há situações que demandam ainda maior meticulosidade, por exemplo, a avaliação de marca, elemento comum das empresas que não raramente integra o ativo e dificilmente é alienada em 180 dias,[34] apesar do intenso desejo de assim se proceder, até porque a marca a cada dia, sobretudo se a falida gerou abalo a consumidores, sofre uma rápida depreciação no mercado.

Não obstante, não se pode olvidar que o juízo, por mais solícito que seja para com o administrador judicial, não tem apenas aquele processo para cuidar, ao contrário, tem inúmeros outros, e quase sempre encontramos os cartórios abarrotados de trabalho, de forma que os trâmites internos da serventia, pela nova lei, também correm em prejuízo do administrador judicial.

Por outro lado, deveria o legislador lembrar que, em matéria de alienação de ativos, vigora uma máxima no sentido de que "mais do que alienar é importante que se aliene com eficiência", sendo recomendável que a lei, em vez de determinar um prazo específico, estabeleça ao auxiliar do juízo celeridade e adoção de medidas imprescindíveis para que ocorra a alienação do ativo "no mais curto prazo que for possível", sem açodamento.

É certo que na lei se consignou um caminho para o administrador judicial seguir em caso de não realização de venda, mesmo que não saibamos ao certo "o que" e "a partir de quando" consideraremos sua ocorrência, exigindo "impossibilidade fundamentada", ou seja, terá que contar com a compreensão do juízo e de todos os agentes do processo, tornando-se mais uma vez alvo daqueles que não estão afeitos ao processo falencial.

---

33. KUGELMAS, Alfredo Luiz; SOUZA, Fabricio Godoy. O papel do administrador judicial na recuperação e na falência. In: ABRÃO, Carlos Henrique; ANDRIGHI, Fatima Nancy; BENETI, Sidnei (coord.). *10 anos de vigência da Lei de Recuperação e Falência* (Lei n. 11.101/05). São Paulo: Saraiva, 2015. p. 210.
34. O procedimento para aferir o valor de uma marca é algo que demanda primeiramente localizar profissionais adequados, que inicialmente deverão apresentar seus orçamentos ao administrador judicial, o qual, por conseguinte, os submeterá ao juízo. Após deliberação, serão realizados estudos, pesquisas e consultas em órgãos oficiais, o que demanda tempo para resposta, análise criteriosa de escrituração contábil, e no caso de uma empresa falida há chances exponenciais de ela não existir, estar defasada ou conter inconsistências contábeis etc. Depois da estimativa de avaliação, ela deve ser submetida aos autos para manifestação das partes e interessados, podendo haver formulação de quesitos de assistente técnico, sobre os quais o perito avaliador deverá se pronunciar, submetendo seu laudo nos autos. Sobre o laudo se declaram o administrador judicial e o Ministério Público e também podem as partes fazê-lo, para na sequência o magistrado exarar seu pronunciamento e ser assim obtida a segurança mínima para sua alienação. Se nesse ínterim se computarem 180 dias, o que é comum ocorrer, o administrador judicial, caso não atente e deixe de requerer ao juízo o reconhecimento de excepcionalidade, será destituído, por via de regra.

Por fim, pior do que inserir um termo para alienação de todo e qualquer ativo, submetendo eventual descumprimento de prazo a impossibilidades fundamentadas sob pena de destituir o administrador judicial, e com o uso de expressões imprecisas, revelou-se uma forma de tratamento que atenta contra a eficiência dos administradores judiciais, os quais, por mais que desejem e se esforcem, terão como primeira meta se livrar do ativo o mais rápido possível, da forma como puder.

> s) arrecadar os valores dos depósitos realizados em processos administrativos ou judiciais nos quais o falido figure como parte, oriundos de penhoras, de bloqueios, de apreensões, de leilões, de alienação judicial e de outras hipóteses de constrição judicial, ressalvado o disposto nas Leis 9.703, de 17 de novembro de 1998, e 12.099, de 27 de novembro de 2009, e na Lei Complementar n.º 151, de 5 de agosto de 2015.

A última alteração do inciso III do artigo 22, e não menos importante, trata do dever de o administrador judicial arrecadar valores que se localizem em processos administrativos ou judiciais.

Para tanto, é importante que o administrador judicial tenha dever de diligência e pesquise os processos judiciais e expeça ofícios a entidades civis para levantamento de eventuais dados e bens da falida.

Tais valores, uma vez localizados (excetuadas as hipóteses ventiladas na norma relacionadas ao pagamento de tributos e contribuições federais), devem ser transferidos à conta judicial do procedimento da falência e, ao final, unificada para início da liquidação.

3. CONCLUSÃO

A Lei 14.112/2020, sob o aspecto do exercício da Administração Judicial, propiciou nova dinâmica ao procedimento recuperacional e falimentar, descrito na Lei 11.101/2005, com premissas mais permissivas que ampliam seus deveres funcionais, exigindo um grau maior de proatividade, dedicação e profissionalismo.

No entanto, algumas dessas inovações ocorreram pelo emprego de redação confusa, imprimindo deveres ambíguos, alguns com sérios reflexos de ordem civil e criminal, como a não alienação de todo o ativo em 180 dias que, por via de regra, se refletirá na destituição do administrador judicial de todo e qualquer procedimento por cinco anos.

Se, por um lado, está aparente que em determinados momentos o legislador deixou de tratar o administrador judicial com a atenção que mereceria, carregando nos deveres e olvidando de suas prerrogativas e limitações básicas, de outro, mostra sua relevância nesses complexos procedimentos como instrumento essencial para o êxito da demanda, levando a uma reflexão a respeito da premente necessidade de que tais agentes passem a dialogar entre si sobre sua rotina, trocando experiências, implementando novas técnicas e auxiliando-se com intuito de superar os desafios impostos da carreira não só pelos casos em que atuam, mas também pelo manejo diário de sua legítima representatividade com as partes, magistrados, representantes do Ministério Público e parlamentares, a fim de que possam ser efetivamente ouvidos e entendidos.

4. REFERÊNCIAS

BERNIER, Joice Ruiz. *Administrador judicial*. São Paulo: Quartier Latin, 2016.

CEREZETTI, Sheila Christina Neder. *A recuperação judicial de sociedade por ações*. O princípio da preservação da empresa na Lei de Recuperação e Falência. São Paulo: Malheiros, 2012.

KUGELMAS, Alfredo Luiz; SOUZA, Fabricio Godoy. O papel do administrador judicial na recuperação e na falência. In: ABRÃO, Carlos Henrique; ANDRIGHI, Fatima Nancy; BENETI, Sidnei (Coord.). *10 anos de vigência da Lei de Recuperação e Falência* (Lei n. 11.101/05). São Paulo: Saraiva, 2015.

REQUIÃO, Rubens. *Curso de direito falimentar*. Falência. 6. ed. São Paulo: Saraiva, 1981. v. 1.

SACRAMONE, Marcelo Barbosa. *Comentários à Lei de Recuperações de Empresas e Falência*. São Paulo: Saraiva Educação, 2018.

SCALZILLI, João Pedro; SPINELLI, Luis Felipe; TELLECHEA, Rodrigo. *Recuperação de empresas e falência*: teoria e prática da Lei 11.101/2005. São Paulo: Almedina, 2016.

VALVERDE, Trajano de Miranda. *Comentários a Lei de Falências*. 2. ed. Rio de Janeiro: Forense, 1955. v. II.

A RECUPERAÇÃO EXTRAJUDICIAL E AS RECENTES ALTERAÇÕES

Paulo Roberto Bastos Pedro

Doutorando em Direito Desportivo pela PUC/SP. Mestre em Direito pela FMU/SP. Professor de Direito Empresarial da FMU/SP e do Curso Fórum/RJ. Advogado, Administrador Judicial de Recuperações e Falências.

Sumário: 1. Introdução. 2. Condições gerais para a recuperação extrajudicial. 3. Créditos abrangidos na Recuperação Extrajudicial. 4. As duas modalidades de recuperação extrajudicial. 4.1 Homologação facultativa. 4.2 Homologação obrigatória. 5. Plano de recuperação extrajudicial. 6. Credores impedidos de participar da deliberação. 7. Documentos necessários para a homologação da recuperação extrajudicial. 8. Plano de recuperação extrajudicial e o tratamento igualitário a todos os credores. 9. Recuperação extrajudicial preventiva e possibilidade de conversão em recuperação judicial. 10. O *Stay Period* das recuperações extrajudiciais. 11. Procedimento judicial homologatório. 12. Efeitos do plano de recuperação extrajudicial. 13. Da possibilidade de realização de negócio jurídico processual entre a devedora e os credores signatários. 14. Conclusão. 15. Referências.

1. INTRODUÇÃO

No dia 24 de dezembro de 2020, com o objetivo de atualizar a legislação brasileira nos temas relativos a recuperação e a falência do empresário e da sociedade empresária, foi sancionada a Lei 14.112. Dentre as diversas mudanças promovidas, algumas ocorreram em face de procedimento de recuperação cada vez mais utilizado pelos empresários brasileiros.

O presente artigo tem por objetivo não somente as tratativas das mudanças ocorridas com o novel instrumento legal, mas, também demonstrar como tal procedimento recuperacional tem sido recepcionado e interpretado pelo Poder Judiciário.

Nos idos de 2005 quando o advento da Lei 11.101/2005 se mostrou a recuperação extrajudicial uma grande inovação, afinal, na antiga legislação falimentar (Dec. 7661/45) a simples reunião entre credor e devedor para tratar de eventual plano de recuperação, era considerado um ato de falência, tendo em vista aquilo que previa o art. 2, III, da Dec. 7.661/45.

A respeito do instituto conceitua Sérgio Campinho:

"... plenamente válida a realização de acordos privados entre o devedor e seus credores, com o escopo de evitar a quebra, criando, assim, condições favoráveis à reestruturação da empresa em crise econômica e financeira. A lei, por outro lado, confere plena liberdade às partes – devedor e seus credores – para celebrarem esses pactos inominados, os quais poderão estipular qualquer objeto lícito para esses fins. A repactuação, desse modo pode ser global ou parcial das dívidas, adotando a feição de moratória (dilação do prazo de pagamento), de alteração das condições de pagamento ou de garantias, dentre outras..."[1].

Mais do que um instrumento alternativo dentro da matéria recuperacional, poderá a recuperação judicial ser adequada a necessidade do devedor, que por vezes não necessita de um processo desgastante e complexo como a recuperação judicial.

Nesse sentido explica Marcelo Barbosa Sacramone:

"...a complexidade e, consequentemente, o tempo e os custos de um processo de recuperação judicial poderão não ser adequados a simplicidade da crise do devedor ou de sua estrutura de crédito. Se a crise é pontual ou os meios de recuperação envolvem uma ou apenas algumas classes ou espécies de credores, não se justifica que todos os créditos existentes sejam submetidos a um plano de recuperação, nem que todas as ações individuais sejam suspensas, nem a nomeação necessária de um administrador judicial para fiscalizar a atuação do devedor, nem um procedimento de verificação dos créditos etc."[2].

Logo, a recuperação extrajudicial é indicada quando da existência de crise pontual, sem que exista necessidade da inclusão de todas as categorias de credores, fazendo com que o procedimento da recuperação seja mais enxuto e com menor complexidade e custo operacional para o combalido caixa do empresário ou sociedade empresária em crise.

2. CONDIÇÕES GERAIS PARA A RECUPERAÇÃO EXTRAJUDICIAL

A recuperação objeto do presente estudo, assim como a recuperação judicial poderá ser requerida pelo devedor que preencher aos requisitos do artigo 48 da Lei 11.101/2005, ou seja, os mesmos requisitos necessários para o pedido de recuperação judicial.

A despeito dos requisitos necessários concordamos com a posição de Manoel Justino Bezerra Filho que defende que o legislador falha ao exigir o cumprimento do art. 48 da LRF conforme descrito:

"... Isso porque o devedor pode propor qualquer plano de recuperação extrajudicial, em qualquer condição, a qualquer credor, desde que não haja óbice legal. Se o credor aceitar, firmam os documentos que entenderem necessários e passam a cumprir suas obrigações a partir do que estipula o plano. Portanto, o devedor não está obrigado a preencher os requisitos do art. 48 para propor plano de recuperação extrajudicial – apenas deverá estar ciente de que, se não houver o preenchimento desses requisitos, o plano não será passível de homologação judicial ou, pelo menos, não criará obrigatoriedade para os não aderentes"[3].

Assim, por se tratar de procedimento que poderá ocorrer em alguns casos sem que exista participação do Poder Judiciário, entendemos que a necessidade de ser preenchido os requisitos do art. 48 da LRF demonstra excesso de formalismo para a propositura de medida que poderá auxiliar o devedor na superação de sua crise financeira e econômica.

---

1. CAMPINHO, Sérgio. *Falência e Recuperação de empresa: O novo regime da insolvência empresarial*, Rio de Janeiro: Ed. Renovar, 2008, p. 148.
2. SACRAMONE, Marcelo Barbosa, *Comentários a lei de recuperação de empresas e falência*, São Paulo: Saraiva Educacional, 2018, p. 500.
3. BEZERRA FILHO, Manoel Justino. *Lei de Recuperação de Empresas e falência: Lei 11.101/2005*: comentada artigo por artigo, 12. ed. ver., atual. e ampl., São Paulo: Ed. RT, 2017, p. 387.

Além do requisito do art. 48 da LRF, a recuperação extrajudicial não poderá ser requerida se estiver pendente pedido de recuperação judicial ou se houver obtido recuperação judicial ou homologação de outro plano de recuperação extrajudicial há menos de 2 (dois) anos, conforme previsão do art. Art. 161, § 3º da LFR.

3. CRÉDITOS ABRANGIDOS NA RECUPERAÇÃO EXTRAJUDICIAL

As alterações ocorridas recentemente modificaram os créditos sujeitos a recuperação extrajudicial, incluindo a possibilidade real de inclusão de uma nova categoria de credores, conforme se denota da previsão descrita no art. 161, §1º, da LRF.

Nos termos da legislação estão sujeitos a recuperação extrajudicial todos os créditos existentes na data do pedido, exceto os créditos de natureza tributária, bem como aqueles excluídos da recuperação judicial previstos no art. 49, § 3º, da LRF, onde identificamos os créditos titularizados pelo proprietário fiduciário de bens móveis ou imóveis, o crédito do arrendador mercantil, o crédito de proprietário do promitente vendedor de imóvel no qual os contratos contenham cláusula de irrevogabilidade ou irretratabilidade, inclusive em incorporações imobiliárias e o crédito do proprietário do bem em contrato de reserva de domínio.

Não estarão inclusos também os valores decorrentes da importância entregue ao devedor, em moeda corrente nacional, decorrente de adiantamento a contrato de câmbio para exportação. (Art. 161, § 1º, c/ Art. 49, § 4º, c/ art. 86, II, LFR)

As exclusões acima já eram previstas antes da recente alteração legislativa, todavia, a grande mudança se deu em virtude dos créditos de natureza trabalhista, antes excluídos de forma objetiva, contudo, com possibilidades de sujeição na atual legislação.

Os créditos de natureza trabalhista e decorrentes de acidente do trabalho poderão estar inseridos na recuperação extrajudicial, desde que exista a comprovação de uma negociação coletiva entre o devedor e o sindicato da categoria profissional daqueles trabalhadores.

Visualizamos neste aspecto evolução da legislação, permitindo a inclusão de importante categoria de credores, porém, desde que, exista negociação e aprovação prévia do sindicato da categoria profissional, neste caso, a negociação será coletiva e os trabalhadores deverão estar representados pelo sindicato de sua categoria que conduzirá as tratativas com o devedor.

Buscando a existência de equilíbrio entre os eventuais credores que aderirem ao plano e aqueles que o rejeitarem, dispõe a legislação que não poderá o plano contemplar pagamento antecipado de dívidas (o que beneficiaria aderentes e prejudicaria os não aderentes), tampouco conter um tratamento desfavorável aos credores que não estejam sujeitos, conforme dispõe o art. 161, § 2º, da LFR.

A previsão legislativa acima mencionada tem a clara função de proibir qualquer tentativa de favorecimento a credores ao vedar a possibilidade de pagamentos antecipados, assim como impedir que os credores não sujeitos tenham condições desfavoráveis, afinal, o objetivo da recuperação deverá ser a superação saudável e equilibrada da crise existente.

4. AS DUAS MODALIDADES DE RECUPERAÇÃO EXTRAJUDICIAL

A doutrina classificou a recuperação extrajudicial em duas categorias, aquela onde a homologação judicial é facultativa e a recuperação extrajudicial onde a homologação em juízo se mostra obrigatória.

4.1 Homologação facultativa

O devedor em crise poderá requerer a homologação em juízo do plano de recuperação extrajudicial, demonstrando o preenchimento dos requisitos necessários, juntando sua justificativa e o documento que contenha seus termos e condições, com a identificação e assinatura dos aderentes ao plano de recuperação extrajudicial.

A celebração de um acordo abrangente pela integralidade dos credores sujeitos faz com que exista a novação das obrigações existentes, vinculando todos aqueles que aderiram aos termos do plano de reestruturação aprovado.

No entanto, como já mencionado, a homologação será uma mera liberalidade do devedor, que poderá se utilizar da homologação para inserir na recuperação extrajudicial uma maior formalidade.

No entanto, há uma importante consequência desta modalidade de recuperação, como alerta Marcelo Barbosa Sacramone:

> "essa homologação, entretanto, assegura que o acordo se constituía em título executivo judicial e permite que, no caso de descumprimento do avençado, o credor possa protestar o título e requerer a decretação da falência do devedor mediante pedido fundado em sua impontualidade injustificada (art. 94, I). Os signatários também ficarão submetidos a disciplina dos crimes falimentares previstos na LREF"[4].

Assim, a cobertura de *verniz* que o Poder Judiciário trará ao plano de recuperação extrajudicial de homologação facultativa, implicará nas consequências acima, o que deverá ser sopesado pelo devedor no momento da elaboração de seu plano de reestruturação recuperacional.

4.2 Homologação obrigatória

Já o plano de recuperação extrajudicial de homologação obrigatória, consiste naquele em que a homologação abrangerá a todos os credores, inclusive aqueles que não o aceitaram, todavia, só terá validade e abrangência em relação a comunidade de credores quando deter a aprovação de credores que representem mais da metade dos créditos de cada espécie dos credores abrangidos.

Aqui nota-se uma sensível alteração legislativa, afinal, na redação original da Lei 11.101/2005 o percentual necessário era de mais de 3/5 dos créditos, ou seja, o plano teria eficácia diante da coletividade creditícia quando a aprovação fosse superior a 60% dos créditos, tendo o percentual sido reduzido para a maioria dos créditos, ou seja, mais de 50% dos créditos.

---

4. SACRAMONE, Marcelo Barbosa. Op. cit., p. 504.

Importante frisarmos que ainda que o plano contemple diversas categorias de credores, o percentual de maioria de 50% dos créditos deverá ser obtido de forma prévia e em cada uma das categorias que o plano de recuperação vier a contemplar.

Imaginamos que a redução do percentual necessário para a aprovação poderá incentivar a utilização do instituto, que ainda não decolou, quando comparado com a recuperação judicial.

Nesse sentido explica Cesar Ciampolini Neto e Pedro Schilling de Carvalho:

> "...a recuperação extrajudicial, desde a promulgação da Lei 11.101/2005, tem sido pouca utilizada, o que usualmente, é atribuído pela doutrina a insegurança jurídica que permeia uma parte do regime a ela aplicável e a necessidade de homologação do plano. Ainda assim, vale registrar que grupos empresariais de porte valeram-se do instrumento, a indicar que se trata de alternativa viável e eficaz para a reestruturação de dívidas"[5].

Assim, a crescente utilização do instrumento objeto de nosso artigo poderá ter sua utilização ampliada com as recentes mudanças ocorridas.

5. PLANO DE RECUPERAÇÃO EXTRAJUDICIAL

Conforme dispõe a legislação em seu art. 163, § 1º[6] da LRF, o plano, que contemplar os a) créditos de garantia real, b) créditos de privilégio especial, c) créditos de privilégio geral, d) crédito quirografário, e) créditos subordinados, poderá abranger a totalidade de uma ou mais espécies de créditos ou grupo de credores de mesma natureza e sujeito a semelhantes condições de pagamento, e, caso seja homologado, obriga a todos os credores das espécies abrangidas.

A imprecisão legislativa certamente é um dos fatores que impedem o avanço e a utilização em maior escala deste instrumento de recuperação, como mencionamos no capítulo acima, temos aqui uma prova desta imprecisão.

Conforme se denota da previsão legislativa o plano poderá abranger a totalidade de uma ou mais espécie de credores, note que a expressão é a de "poderá", ou seja, não existe uma obrigatoriedade de que o plano seja unitário para todos os credores daquela categoria, podendo os credores serem separados em grupo de credores de mesma natureza e sujeito a semelhantes condições.

De extrema valia a crítica sugestiva de Manoel Justino Bezerra Filho que dispõe:

> "...até por uma questão lógica, certamente o legislador pretendeu abranger na inclusão obrigatória todos os credores sujeitos a recuperação, sejam da mesma espécie, sejam da mesma natureza, e para esse entendimento certamente tenderá a interpretação jurisprudencial. No entanto, a Lei usos palavra

---

5. NETO, Cesar Ciampolini e CARVALHO Pedro Schilling de Stay Period nas Recuperações Extrajudiciais. In: BEZERRA FILHO, Manoel Justino, RIBEIRO, José Horácio Halfeld Rezende, WAISBERG, Ivo (Org.). *Temas de Direito da Insolvência*: Estudos em homenagem ao Professor Manoel Justino Bezerra Filho, São Paulo: Editora IASP, 2017, p. 141.
6. § 1º O plano poderá abranger a totalidade de uma ou mais espécies de créditos previstos no art. 83, incisos II, IV, V, VI e VIII do *caput*, desta Lei, ou grupo de credores de mesma natureza e sujeito a semelhantes condições de pagamento, e, uma vez homologado, obriga a todos os credores das espécies por ele abrangidas, exclusivamente em relação aos créditos constituídos até a data do pedido de homologação.

equívoca ao mencionar "mesma natureza" e "semelhantes condições de pagamento", dificultando a determinação de quais créditos estariam em tal situação. Provavelmente, ante tal imprecisão, certamente será dada preferência as recuperações por espécie, para cuja determinação a Lei é bastante clara e para o qual a Lei prevê possibilidade de inclusão obrigatória relativamente aos minoritários (menos de 2/5)...."[7].

Para que o leitor possa ter uma ideia, tomemos como exemplo os créditos bancários objetos de financiamento da atividade empresarial, tais credores injetaram dinheiro para recebimento futuro, portanto, se tiver a recuperanda 5 (cinco) credores bancários, esses credores são de mesma natureza com recebimentos de forma semelhante, todavia, se um deles tiver garantia real, não teremos credores de mesma espécie, logo, este credor de mesma natureza e semelhante forma de pagamento não será de mesma espécie/categoria.

Assim, com base nas peculiaridades de seu negócio e de sua crise econômica-financeira, a recuperanda poderá obter a sua recuperação extrajudicial abrangendo um grupo de credores dentro de uma das categorias de créditos abrangidas, não necessariamente com a totalidade destes, diferente daquilo que ocorre na recuperação judicial onde estarão inseridos todos os créditos existentes na data do pedido de distribuição do pedido de recuperação judicial (art. 49 caput da LRF), exceto os excluídos (art. 49, §3°, da LRF).

Explica Marcelo Barbosa Sacramone que:

> "a definição do grupo de credores deverá ser clara e objetiva. Não poderá o devedor escolher qual credor se submeterá ao plano de recuperação extrajudicial e qual não. O grupo de credores deverá ser definido, entre os credores de uma mesma classe ou espécie, por aqueles que possuem semelhantes condições de pagamento e de natureza do crédito"[8].

Imaginemos a seguinte situação: a devedora necessita de uma medida recuperacional para prorrogar o pagamento de suas obrigações, todavia, dentre os credores quirografários possui fornecedores de bens e serviços e instituições financeiras, temos, assim, natureza de crédito distintas, podendo o devedor dividir o seu plano de forma diferente para cada um dos grupos de credores (grupo de fornecedores/grupo de instituições financeiras).

Continuemos com o exemplo acima, imaginemos que o devedor tenha 5 instituições financeiras credoras, ou seja, credores de mesma natureza, porém, um dos credores renovou o crédito com parcelas a serem liquidadas em longo prazo, enquanto as outras 4 (quatro) instituições tem créditos com liquidação breve, temos no caso, credores com natureza idêntica, porém, em condições de pagamento semelhantes para 4 (quatro) deles e não para a totalidade, assim, poderá o plano se aplicar apenas àquelas 4 (quatro) instituições credoras a curto prazo.

Definidas as condições cumulativas do art. 163, §1°, da LRF, quais sejam: credores pertencentes a mesma categoria de crédito, credores titulares de créditos com a mesma natureza e sujeitos a semelhantes condições de pagamento, estará criado o grupo que terá apresentado o plano de recuperação judicial.

A apresentação do plano não precisará ocorrer de forma coletiva, tampouco os credores necessitam estar reunidos em assembleia como acontece com uma recuperação

---

7. BEZERRA FILHO, Manoel Justino. *Lei de Recuperação de Empresas e falência*: Lei 11.101/2005: comentada artigo por artigo, 11. ed. ver., atual. e ampl. São Paulo: Ed. RT, 2016, p. 379.
8. SACRAMONE, Marcelo Barbosa. Op. cit., p. 508.

judicial, as negociações poderão ocorrer de forma individualizada, todavia, deverá o plano conter condições idênticas para aquele grupo de credores.

Aqueles credores que não estiverem incluídos no plano de recuperação extrajudicial não serão considerados para a apuração do percentual necessário para a aprovação do plano, todavia, o seu crédito não poderá sofrer nenhuma alteração, mantendo-se os valores, prazos e condições contratadas originalmente, conforme previsão do art. 163, §2°, da LRF.

Seguindo a linha da insegurança existente na recuperação extrajudicial, uma questão que levantamos é a apuração do crédito em moeda estrangeira e sua conversão.

Na recuperação judicial a solução legal contém uma maior precisão jurídica, por assim dizer, afinal, em caso de necessidade de deliberação para a aprovação, rejeição ou modificação do plano de recuperação judicial, o crédito em moeda estrangeira será convertido para moeda nacional pelo câmbio da véspera da data de realização da assembleia.

Já no caso de recuperação extrajudicial, o crédito de moeda estrangeira será convertido para moeda nacional pelo câmbio da véspera da data de assinatura do plano, assim, caso tenhamos mais de um credor titular de moeda estrangeira, poderão ocorrer cotações diferentes, tendo em vista que os credores poderão aderir a solução apresentada pelo devedor em datas distintas, conforme o teor legal.

A legislação não dispõe sobre como será computado o crédito em moeda estrangeira para a aferição dos credores não aderentes do plano de recuperação extrajudicial, assim, mais uma vez, perdeu o legislador a oportunidade de sanar mais um motivo gerador de insegurança jurídica junto as empresas que estejam em crise.

A despeito da conversão deste crédito, Marcelo Barbosa Sacramone propõe:

> "os credores não aderentes, por não serem signatários do plano, mas que deverão ser computados para se verificar se a eles o plano poderá ser imposto contra a vontade, deverão ter o crédito em moeda estrangeira convertido na véspera da distribuição do pedido"[9].

Todavia, se houver uma recusa formal quanto a adesão do plano por parte daquele credor, a dúvida persistirá, afinal, deverá ser o cômputo pela data da recusa formal? Ou pela data da distribuição da homologação do plano de recuperação extrajudicial?

Esta é uma questão que poderia ser definida pelo legislativo, todavia, terá o Poder Judiciário que firmar esse entendimento nos próximos anos.

6. CREDORES IMPEDIDOS DE PARTICIPAR DA DELIBERAÇÃO

Assim como acontece nas recuperações judiciais não serão considerados para fins de aprovação do plano de recuperação extrajudicial os sócios do devedor, bem como das sociedades coligadas, controladoras, controladas ou as que tenham sócio ou acionista com participação superior a 10% (dez por cento) do capital social do devedor ou em que o devedor ou algum de seus sócios detenham participação superior a 10% (dez por

---
9. SACRAMONE, Marcelo Barbosa. Op. cit. p. 508.

cento) do capital social, conforme previsão do art. 163, §3°, da LRF que remete ao art. 43 do mesmo diploma legal.

O impedimento acima descrito, nos termos do art. 43 parágrafo único também se aplica ao cônjuge ou parente, consanguíneo ou afim, colateral até o 2° grau, ascendente ou descendente do devedor, de administrador, do sócio controlador, de membro dos conselhos consultivos, fiscal ou semelhantes da sociedade devedora e a sociedade em que quaisquer dessas pessoas exerçam suas funções, conforme determinação do art. 43, p.u., da LRF.

Trata-se de vedação cujo objetivo é impedir que conflitos de interesses sejam utilizados em benefício de uma aprovação de plano que se estende a outros credores, evitando-se dessa forma que credores que detenham outros interesses possam influenciar na aprovação de um plano de reestruturação empresarial.

7. DOCUMENTOS NECESSÁRIOS PARA A HOMOLOGAÇÃO DA RECUPERAÇÃO EXTRAJUDICIAL

O devedor que buscar a homologação do plano de recuperação extrajudicial deverá levar a Juízo o plano com sua explicação, todos os seus termos e condições de aplicabilidade, juntando a sua justificativa para busca do instituto recuperacional, bem como a demonstração de adesão dos credores aderentes ao plano, conforme determinação do art. 162 da LRF.

Os documentos descritos acima são suficientes para a homologação da recuperação judicial facultativa, como já explicado, aquele que possui a adesão da totalidade dos credores.

Diferentemente do que ocorre na homologação facultativa, na hipótese de plano de recuperação extrajudicial na forma impositiva, nesta homologação além dos documentos descritos no art. 162 da LRF, necessário se faz a juntada de outros documentos como: a) exposição da situação patrimonial do devedor, b) as demonstrações contábeis relativas ao último exercício social e as levantadas especialmente para instruir o pedido e c) os documentos que comprovem os poderes dos subscritores para novar ou transigir, relação nominal completa dos credores, com a indicação do endereço de cada um, a natureza, a classificação e o valor atualizado do crédito, discriminando sua origem, o regime dos respectivos vencimentos e a indicação dos registros contábeis de cada transação pendente.

A necessidade da juntada da documentação contábil como a situação patrimonial do devedor e as demonstrações contábeis do último exercício e as levantadas para a instrução do pedido como a demonstração dos resultados acumulados, demonstração de resultados desde o último exercício e o relatório de fluxo de caixa e de sua projeção possuem o condão de demonstrar, não apenas aos credores, afinal, teoricamente tais informações já deveriam ter sido apresentadas aos credores consultados, mas a coletividade de credores e ao Poder Judiciário, o estado de crise econômico-financeira do devedor.

Importante relembrarmos que teoricamente alguns credores sequer necessitam ser consultados para que o plano seja apresentado em Juízo para a homologação, tendo em vista o conjunto de regras previstos na legislação, assim, com a juntada dos documentos descritos nos incisos I e II do §6° do art. 163 da LRF tais credores poderão inclusive identificar os motivos e o momento em que o devedor contraiu a crise justificadora do pedido de recuperação extrajudicial.

Já os documentos descritos no inciso III do §6° do art. 163 da LRF permitirá ao Poder Judiciário e a todos os credores, aderentes ou não, verificarem se o quórum necessário para a aprovação do plano de recuperação extrajudicial, correspondente a mais da metade dos créditos, tenha sido efetivamente preenchido.

Também importante a juntada da documentação que comprova que os subscritores aderentes eram detentores de poderes para novar ou transigir os créditos.

A relação completa dos credores, contendo a indicação do endereço destes, a natureza, a classificação e o valor atualizado do crédito, o regime de vencimentos e a indicação dos registros contábeis tem o condão de auxiliar os demais credores na aferição do percentual daqueles que aprovaram o plano, sendo importante também, para o comunicado que todos os credores receberão a despeito da impugnação que poderão apresentar e veremos oportunamente.

8. PLANO DE RECUPERAÇÃO EXTRAJUDICIAL E O TRATAMENTO IGUALITÁRIO A TODOS OS CREDORES

Na recuperação extrajudicial com a aprovação da integralidade dos credores, recuperação extrajudicial homologatória, por se tratar de novação com aderência da integralidade e dentro da autonomia privada de negociação de cada um dos credores com o devedor, não há a necessidade da existência de um plano igualitário, afinal, as negociações poderão ocorrer individualmente com condições negociadas entre as partes.

Já na recuperação extrajudicial impositiva, tendo em vista que nem todos os credores são aderentes, existindo necessidade da aprovação daqueles que sejam detentores de mais de 50% (cinquenta por cento) dos créditos de cada classe ou grupo de credores, acarretando novação da integralidade dos créditos, inclusive dos credores dissidentes, logo, o plano então deverá conter tratamento igualitário.

Nesse sentido defende Marcelo Barbosa Sacramone:

> "...como a maioria dos credores aderentes vinculará a minoria dos integrantes da mesma espécie ou grupo, os credores deverão ter igualdade de tratamento pelo plano de recuperação extrajudicial. A diferenciação de tratamento não permitiria que se verificasse efetivamente se a maioria qualificada concorda com as condições que lhe foram propostas..."[10].

Uma eventual possibilidade de plano diferenciado poderia ocasionar privilégios para os credores aderentes em prejuízo aos credores dissidentes, assim, necessariamente deverá existir uma igualdade de tratamentos dentre do plano.

Importante observar que o plano poderá conter diferenciações entre credores de mesma categoria de créditos, porém, pertencentes a grupos distintos de credores, tomemos

---

10. SACRAMONE, Marcelo Barbosa. Op. cit. p. 510.

como exemplo os quirografários, a natureza dos créditos quirografários de fornecedores de bens e serviços é distinta da natureza dos credores quirografários bancários, logo, o plano poderá conter uma dilação de prazo maior para os credores quirografários de natureza bancária, se comparados aos credores quirografários de natureza fornecedores, tendo em vista pertencerem a grupos distintos.

9. RECUPERAÇÃO EXTRAJUDICIAL PREVENTIVA E POSSIBILIDADE DE CONVERSÃO EM RECUPERAÇÃO JUDICIAL

Outra grande inovação que as alterações legislativas recentes trouxeram é a possibilidade de requerimento de homologação de plano de recuperação extrajudicial que contenha a anuência de credores que representem pelo menos 1/3 (um terço) de todos os créditos de cada espécie por ele abrangidos e com o compromisso de, no prazo improrrogável de 90 (noventa) dias, contados da data do pedido, atingir ao quórum necessário para a aprovação (mais de 50% dos créditos de cada classe ou grupo de credores), com a faculdade de conversão do procedimento de recuperação extrajudicial em recuperação judicial.

A medida se mostra um avanço na legislação, permitindo ao devedor que possua uma maior possibilidade de negociação com seus credores durante o período de 90 dias, ou convertendo a o procedimento extrajudicial em uma recuperação judicial.

Primeiramente visualizamos aqui uma possibilidade que terá o devedor de demonstrar aqueles credores com maior inflexibilidade de negociação que a recuperação extrajudicial já detém a aprovação de boa parte dos credores, montante que deverá ser de no mínimo 1/3 (um terço) nos termos da legislação.

Também importante se mostra a possibilidade que terá o devedor de demonstrar que eventual não adesão ao plano proposto poderá acarretar em conversão para a recuperação judicial, tal medida se mostra mais morosa para o recebimento dos créditos, tendo em vista que todo o procedimento judicial como a apresentação de plano, a convocação de credores para impugnações deste, designação de assembleia geral de credores e homologação judicial do plano demandariam seguramente um maior tempo para o início dos pagamentos dos créditos.

Igualmente importante se mostra a possibilidade de suspensão de todas as ações e execuções dos créditos contemplados no plano de recuperação extrajudicial que se pretende a homologação, ou seja, da possibilidade de declaração do *stay period* durante as negociações com o demais credores não aderentes do plano.

Logo, durante o período de negociações, não poderão os credores contemplados no plano, tanto os aderentes que representam mais de 1/3 (um terço) dos créditos, como também, aqueles credores que ainda não aderiram, promoverem medidas executivas e expropriatórias no patrimônio do devedor.

Ressalte-se a necessidade de ratificação pelo juiz quando houver comprovação do preenchimento do quórum exigido no art. 163, §7° da LRF, ou seja, o quórum mínimo de 1/3 (um terço) dos créditos.

10. O *STAY PERIOD* DAS RECUPERAÇÕES EXTRAJUDICIAIS

A respeito do instituto do *stay period* nas recuperações extrajudiciais o tema foi originalmente levantado por Manoel Justino Bezerra Filho ao prescrever:

> "como já visto, o devedor pode formalizar plano de recuperação extrajudicial com seus credores, por meio de qualquer tipo de contrato, de negócio ou de instrumento, e cumprir regulamento do plano, sem qualquer intervenção jurisdicional. No entanto, pode também optar por pedir a homologação judicial e, a partir do pedido, há algumas consequências jurídicas, incidentes a partir da apresentação do pedido pelo devedor. Uma das consequências está presente neste §4°, que admite o regular prosseguimento de ações e execuções, bem como pedido de decretação de falência, observando, porém, tal direito apenas aqueles que não estejam sujeitos ao plano de recuperação extrajudicial. Contrário sensu, e até por uma questão de lógica dos negócios, aqueles credores que estão sujeitos ao plano terão suspensas as ações e execuções em andamento, não podendo também requerer a falência do devedor pelos créditos constantes no plano de recuperação extrajudicial"[11].

Cesar Ciampolini Neto e Pedro Schilling de Carvalho explicam que:

> "foi desta ponderação doutrinária o fulcro da fundamentação de precedente da antiga Câmara Reservada a Falência e Recuperação deste Tribunal de Justiça do Estado de São Paulo, da relatoria do Des. Romeu Ricupero, na recuperação extrajudicial da Gradiente[12]"[13].

A doutrina se posicionou de forma majoritária quanto a possibilidade de *stay period* durante o período entre a distribuição do pedido de homologação do plano de recuperação extrajudicial e a efetiva decisão judicial implicadora em novação.

Cesar Ciampolini Neto e Pedro Schilling de Carvalho explicam citando a doutrina de Paulo Penalva dos Santos que a "...posição decorre da interpretação conjunta do §4° do art. 161 com a disposição do art. 163, indicando que a suspensão abrange, desde logo, todos os credores sujeitos ao plano de recuperação judicial"[14].

Corroboramos do entendimento dos autores acima mencionados, afinal, o objetivo final é a preservação da atividade empresarial, em sendo assim, a determinação judicial de suspensão de todas as ações e execuções dos créditos inseridos no plano de recuperação extrajudicial evitará que credores mais diligentes em suas execuções ou inflexíveis nas negociações, busquem a satisfação individual de seus créditos em detrimento daqueles credores que estão satisfeitos com as condições apresentadas e representam a maioria dos créditos, bem como importante frisarmos que eventual penhora de valores ou bens durante este período poderá abalar ainda mais o já presumivelmente combalido caixa do devedor em crise.

Esse é o entendimento adotado pelo Tribunal de Justiça do Estado de São Paulo em diversos julgamentos, tendo sido o julgamento de Relatoria do saudoso Desembargador Romeu Ricupero o precursor[15].

---

11. BEZERRA FILHO, Manoel Justino. Op. cit. p. 375.
12. TJSP, Agravo de Instrumento n. 0104784-82.2010.8.26.0000, Rel. Des. Romeu Ricupero, j. 1°.06.2010.
13. NETO, Cesar Ciampolini e CARVALHO Pedro Schilling de, Op. cit. p. 148.
14. SANTOS, Paulo Penalva dos. Comentários a Nova Lei de Falência e Recuperação de Empresas. Apud NETO, Cesar Ciampolini e CARVALHO Pedro Schilling de. Stay Period nas Recuperações Extrajudiciais. In: BEZERRA FILHO, Manoel Justino, RIBEIRO, José Horácio Halfeld Rezende, WAISBERG, Ivo (Org.). *Temas de Direito da Insolvência*: Estudos em homenagem ao Professor Manoel Justino Bezerra Filho, São Paulo: Editora IASP, 2017, p. 149.
15. Agravo de Instrumento n. 990.10.104784-5, Rel. Des. Romeu Ricupero; Agravo de Instrumento n. 0104784-82.2010.8.26.0000, Rel. Des. Romeu Ricupero; Agravo de Instrumento n. 2144453-98.2016.8.26.0000, Rel. Des.

O parágrafo 8º, em boa hora inserido no art. 163, da LRF, representa o expresso reconhecimento do *stay period*, desde o ajuizamento do pedido, cabendo ao juiz a ratificação da proteção se comprovado o quórum do parágrafo 7º (1/3 dos créditos abrangidos pelo plano).

11. PROCEDIMENTO JUDICIAL HOMOLOGATÓRIO

Em termos de homologação o procedimento judicial será igualitário tanto na recuperação extrajudicial de homologação facultativa, quanto da recuperação extrajudicial de homologação obrigatória.

O pedido de homologação deverá ser endereçado ao Juízo do principal estabelecimento do devedor, conforme determinação do art. 3º da LRF.

A despeito do juízo competente para o processamento da recuperação extrajudicial, bem como dos demais procedimentos previstos na lei, importante a alteração trazida pelo §8º do art. 6º da LRF, que trata da prevenção.

A novel alteração legal estabeleceu de forma objetiva que a distribuição do pedido de falência ou de recuperação judicial ou a homologação de recuperação extrajudicial torna o juízo prevento para qualquer outro pedido de falência, recuperação judicial ou homologação de recuperação extrajudicial relativo aquele mesmo devedor.

Analisada a questão da competência, o pedido deverá então ser distribuído com atenção as regras da petição inicial prevista no art. 319 do CPC, bem como com a juntada de os documentos previstos no art. 163, §6º, da LRF que já comentamos anteriormente.

Recebido o pedido de recuperação extrajudicial, deverá o juiz ordenar a publicação de edital eletrônico com vistas a convocar os credores do devedor para a apresentação de suas impugnações ao plano de recuperação extrajudicial.

A despeito do descrito no artigo 164 caput, importante alteração legislativa ocorreu com a substituição da publicação na imprensa oficial e no jornal de grande circulação para a publicação de edital eletrônico, ou seja, reduzindo de duas para uma publicação e permitindo que seja elaborado no Diário de Justiça Eletrônico, por exemplo, o que certamente irá tornar o procedimento mais célere, visto que a legislação se mostrou adequada a mais moderna, barata e célere modalidade de publicação para convocação de credores.

O devedor, dentro do prazo do edital, deverá comprovar o envio de carta a todos os credores sujeitos ao plano, domiciliados ou sediados no país, informando a distribuição do pedido, as condições do plano e prazo para a impugnação.

Não existe previsão legislativa para o envio de documentação para credores fora do país, todavia, como bem lembrado por Marcelo Barbosa Sacramone "...com os meios

---

Cesar Ciampolini; Agravo de Instrumento n. 2144408-94.2016.8.26.0000, Rel. Des. Cesar Ciampolini – (diversos nesse sentido na Rec. Extrajudicial do Grupo Colombo; Agravo de Instrumento n. 2176563-14.2020.8.26.0000, Rel. Des. Fortes Barbosa.

de comunicação existentes, a falta de comunicação, ainda que apenas eletrônica, de credores estrangeiros relevantes poderá indicar dolo do devedor, o que deve ser, no caso concreto, avaliado"[16].

Também importante se mostrará os cuidados e diligências do devedor no envio imediato das comunicações aos credores, proporcionando a estes um tempo confortável para que possam analisar as possiblidades para a propositura das impugnações, que deverão ocorrer dentro do prazo de 30 dias contados da publicação do edital eletrônico, conforme dispõe o art. 164 caput e §2°, da LFR.

A despeito das impugnações, estas só poderão versar sobre as seguintes matérias (art. 164, § 3°, da LFR):

I) não preenchimento do percentual mínimo de aprovação do plano (mais de 50% dos créditos);

II) prática de ato de falência (art. 94, III LFR), ou prática de atos revogáveis os atos praticados com a intenção de prejudicar credores, provando-se o conluio fraudulento entre o devedor e o terceiro que com ele contratar e o efetivo prejuízo sofrido pela massa falida (art. 130 da LRF);

III) descumprimento de qualquer outra exigência legal.

Trata-se de rol taxativo, ou seja, os credores poderão impugnar a homologação com base nas práticas acima, não podendo impugnar o plano simplesmente por discordar com as condições de pagamentos oferecidas no plano e devendo no pedido de impugnação juntar a prova de seu crédito, nos termos do art. 164, § 2°, da LFR.

Havendo a apresentação de qualquer impugnação, o juiz concederá o prazo de 5 (cinco) dias para o devedor se manifestar, conforme previsão do art. 164, § 4°, da LFR.

A legislação não traz a previsão de abertura de incidente para apuração das impugnações, porém, na lição de Manoel Justino Bezerra Filho "... é de todo recomendável que se mande processar a impugnação em autos apartados, e, por isso, deve o impugnante instruir seu pedido com os documentos necessários ao julgamento. Tendo em vista os passos processuais seguintes, haveria tumulto processual incontrolável se todas as impugnações viessem a ser encartadas nos próprios autos do pedido de homologação"[17].

Findo o prazo que detém o devedor para se manifestar sobre a impugnação ofertada pelos credores, os autos serão conclusos imediatamente ao juiz para a apreciação de eventuais impugnações e após 5 (cinco) dias deverá decidir acerca da homologação por sentença do plano de recuperação extrajudicial, devendo, todavia, analisar se o plano apresentado não implica nas práticas de atos passiveis de revogação ou contenham irregularidades que recomendem a sua rejeição, conforme se denota da análise do art. 164, § 5° da LFR.

Entendemos que não caberá ao juízo a análise meritória do plano de recuperação apresentado, todavia, poderá nomear administrador judicial para auxiliá-lo no proces-

---
16. SACRAMONE, Marcelo Barbosa. Op. cit. p. 513.
17. BEZERRA FILHO, Manoel Justino. Op. cit. p. 383.

so de recuperação extrajudicial, como na apuração do quórum legal, à vista da grande quantidade de credores e de impugnações quanto a determinados créditos necessários à homologação

A despeito da inexistência de previsão legal para a nomeação de agentes auxiliares como os administradores judiciais nas recuperações extrajudiciais, a jurisprudência caminhou no sentido da validade da nomeação destes profissionais, desde que não implique custo elevado para as devedoras, afinal, a nomeação de tais profissionais poderão auxiliar não apenas ao juízo, mas, também aos credores envolvidos.

Quando houver a prova de simulação dos créditos ou vício de representação dos credores que subscreverem o plano apresentado, a sua homologação deverá ser indeferida, conforme a previsão legal do art. 164, § 6º, da LFR.

Importante a informação de que a prova de eventual simulação ou vício de representação previstos na legislação, não implicarão em convolação em falência, mas, tão somente em não homologação do plano de recuperação apresentado.

Em face da decisão que homologar o plano de recuperação extrajudicial apresentado, bem como da decisão que deixar de homologar o plano apresentado, caberá a apelação sem efeito suspensivo, conforme a previsão do art. 164, § 7º da LFR.

No caso de decisão negativa de homologação em virtude do não preenchimento de qualquer dos requisitos previstos na legislação, poderá o devedor, cumpridas as formalidades, apresentar novo pedido de homologação e plano de recuperação extrajudicial como atende o dispositivo do §8º do art. 164 da LRF.

Cumpre esclarecermos que em virtude de expressa previsão legislativa do recurso de apelação não ter efeito suspensivo, a eventual homologação implicará aplicação imediata com a novação dos créditos, não apenas para os credores signatários, mas, também para os credores que não foram aderentes ao plano.

12. EFEITOS DO PLANO DE RECUPERAÇÃO EXTRAJUDICIAL

O plano de recuperação extrajudicial só produzirá efeitos após a sua formal homologação judicial (art. 165 *caput* da LRF), mesmo que sobre ele ainda esteja pendente a análise de apelação, afinal, como já mencionamos, o recurso apelatório não terá efeito suspensivo.

Porém, prevê a legislação a possibilidade de que o plano estabeleça a produção de seus efeitos anteriores a homologação, todavia, tais efeitos só terão validade em relação a modificação do valor ou do prazo de pagamento daqueles credores que foram signatários.

Ou seja, para os credores que formalmente aderiram ao plano os efeitos poderão ocorrer a partir da data de assinatura do instrumento, dado a autonomia de vontade existente na composição efetivada, não sendo a premissa de alteração do crédito aplicável aqueles que não foram signatários, visto que para estes, a eficácia e aplicação dependerá necessariamente da homologação.

Contudo, caso eventualmente o plano de recuperação extrajudicial não seja homologado pelo juízo, os credores signatários poderão exercer o seu direito de crédito nas condições originalmente pactuadas, com a dedução dos valores que eventualmente foram pagos pelo devedor.

13. DA POSSIBILIDADE DE REALIZAÇÃO DE NEGÓCIO JURÍDICO PROCESSUAL ENTRE A DEVEDORA E OS CREDORES SIGNATÁRIOS

Como demonstrado pelo artigo 165, os efeitos da recuperação extrajudicial estarão vinculados a sua necessária homologação judicial.

Entretanto, defendemos que os acordos firmados entre o devedor e os credores signatários poderão sim ter eficácia independentemente da homologação.

A despeito disso entendemos ser perfeitamente factível a possibilidade de realização de negócio jurídico processual, previsto no art. 190 do Novo Código de Processo Civil[18].

A respeito do instituto conceitua Daniel Amorim Assunção Neves:

> "O art. 190, *caput*, do Novo CPC prevê a possibilidade de as partes, desde que plenamente capazes e em causa que verse sobre direitos que admitam a autocomposição, estipularem mudanças no procedimento para ajustá-lo as especificidades da causa e convencionar sobe os seus ônus, poderes, faculdades e deveres processuais. O novo diploma legal, seguindo tendências do direito inglês (*case management*) e francês (*contrat de prodédure*), cria uma cláusula geral de negociação processual, que pode ter como objeto as situações processuais das partes e o procedimento[19].

Nesse sentido, caso o devedor e os signatários cheguem a um acordo quanto a nova composição do valor do crédito e da forma de pagamento, defendemos que o acordo tenha validade para o aderente, independente de homologação com os demais credores de mesmo grupo, desde que, esteja previsto no acordo firmado a convenção prevendo o negócio jurídico processual em questão.

A despeito do tema explica Alexandre Freitas Câmara que:

> "A validade dos negócios jurídicos processuais se sujeita a controle judicial (art.190, parágrafo único). Incube ao juiz de ofício ou a requerimento do interessado, controlar a validade do negócio jurídico processual, recusando-lhe aplicação nos casos de nulidade (...) quando se verifica que a convenção tenha sido inserida de forma abusiva em contrato de adesão ou em qualquer caso no qual se verifique que uma das partes se encontra, perante a outra, em manifesta situação de vulnerabilidade. Dito de outro modo, o negócio processual só é validade se celebrado entre iguais, assim entendidas as partes que tenham igualdade de força"[20].

Em termos, em caso de negativa dos demais credores quanto a adesão do plano apresentado, ou mesmo, quando o juízo decidir pela não homologação, poderá o juiz analisar os termos do acordo e verificar se não existe nenhuma abusividade no

---

18. Art. 190. Versando o processo sobre direitos que admitam autocomposição, é lícito às partes plenamente capazes estipular mudanças no procedimento para ajustá-lo às especificidades da causa e convencionar sobre os seus ônus, poderes, faculdades e deveres processuais, antes ou durante o processo.
    Parágrafo único. De ofício ou a requerimento, o juiz controlará a validade das convenções previstas neste artigo, recusando-lhes aplicação somente nos casos de nulidade ou de inserção abusiva em contrato de adesão ou em que alguma parte se encontre em manifesta situação de vulnerabilidade.
19. NEVES, Daniel Amorim Assumpção, *Novo Código de Processo Civil Comentado artigo por artigo*, Salvador, Ed. JusPodivm, 2016. p. 303.
20. CÂMARA, Alexandre Freitas. *O novo processo civil brasileiro*. São Paulo: Atlas, 2015, p. 128.

acordo, reconhecendo se for o caso, eventual abusividade ou ilegalidade existente, todavia, permitindo que o acordo formalizado tenha plena validade jurídica, desde que, prevista a convenção de forma expressa e com aplicação somente para os credores signatários.

Assim, entendemos que a autonomia dos pactos privados somados a previsão legal disponível, poderá acarretar a existência de negócio jurídico válido para os credores signatários do plano, mesmo quando o plano não for homologado em juízo.

14. CONCLUSÃO

Houve, pois, uma melhora no instituto da recuperação extrajudicial como a redução do quórum necessário para a homologação do plano de recuperação extrajudicial que não obteve a aprovação unanimidade de credores, tendo ocorrida a redução do percentual de 60% para o de 50%.

Igualmente importante a possibilidade de recuperação extrajudicial com distribuição preventiva quando aprovado por pelo menos 1/3 dos créditos, acarretando a suspensão das ações e execuções de todos os créditos inseridos no plano, inclusive aqueles cujos titulares ainda não aderiram ao plano, assim, como a possibilidade de inclusão dos créditos de natureza trabalhista.

A Lei 14.112/2020 também acertou ao estabelecer o *stay period* durante o processamento da recuperação extrajudicial até a necessária homologação do plano.

Entendemos que as alterações introduzidas na legislação poderão incentivar uma maior utilização do procedimento, o que até o momento não ocorreu, quando comparado com o instituto da recuperação judicial.

Defendemos também a possibilidade de realização de negócio jurídico processual entre devedor e credores signatários, com a consequente validade do instrumento independente da homologação judicial, em caso de recuperação de homologação obrigatória, neste caso, deverá imperar o princípio da autonomia da vontade somada a previsão legal da elaboração de negócio jurídico processual previsto no NCPC.

Finalmente, esperamos que as alterações legislativas comentadas possam auxiliar as empresas em crise na criação de novos caminhos na busca da superação do estado de crise econômico-financeira saudável, com o pagamento dos credores e a continuação de suas atividades empresariais.

15. REFERÊNCIAS

BEZERRA FILHO, Manoel Justino. *Lei de Recuperação de Empresas e falência*: Lei 11.101/2005: comentada artigo por artigo, 12. ed. ver., atual. e ampl. São Paulo: Ed. RT, 2017.

BEZERRA FILHO, Manoel Justino, RIBEIRO, José Horácio Halfeld Rezende, WAISBERG, Ivo (Org.). *Temas de Direito da Insolvência*: Estudos em homenagem ao Professor Manoel Justino Bezerra Filho. São Paulo: Editora IASP, 2017.

CÂMARA, Alexandre Freitas. *O novo processo civil brasileiro*. São Paulo: Atlas, 2015.

CAMPINHO, Sérgio. *Falência e Recuperação de empresa*: O novo regime da insolvência empresarial, Rio de Janeiro, Ed. Renovar, 2008.

NEVES, Daniel Amorim Assumpção, Novo Código de Processo Civil Comentado artigo por artigo. Salvador: Ed. JusPodivm, 2016.

SACRAMONE, Marcelo Barbosa. *Comentários a lei de recuperação de empresas e falência*. São Paulo: Saraiva Educacional, 2018.

RECUPERAÇÃO EXTRAJUDICIAL E OS CRÉDITOS TRABALHISTAS: UM MODELO QUE TEM TUDO PARA DAR CERTO

Claudia Al-Alam Elias Fernandes
Mestre e Doutoranda em Direito do Trabalho pela Faculdade de Direito da Universidade de São Paulo. Advogada.

Sumário: 1. Os trabalhadores na recuperação de empresas. 2. A alteração do artigo 161, §1º e a inclusão dos trabalhistas na recuperação extrajudicial. 3. A importância do sindicato na tensão empregado x empregador. 4. O empregado hiperssuficiente e a necessidade da participação sindical. 5. Cuidados no tratamento dos créditos trabalhistas. 6. Conclusões. 7. Referências.

1. OS TRABALHADORES NA RECUPERAÇÃO DE EMPRESAS

Antes de adotar o modelo de recuperação de empresas atual em 2005, o Brasil possuía a Concordata, regulamentada pelo já revogado Decreto-lei 7661/1945, a qual era um modelo bastante engessado, que concedia alguns descontos prefixados em lei e dilatava alguns prazos para pagamento. Não havia negociação com os credores. Era um favor da lei à sociedade comercial que estivesse tentando prevenir ou suspender a falência e excluía dos créditos trabalhistas.

Entretanto, antes do DL 7661/45, já houve estruturas que consideravam a opinião dos credores frente ao devedor e que abrangiam os créditos dos trabalhadores.

A primeira vez que o ordenamento jurídico brasileiro trata de uma reunião dos credores relacionados à concordata ou à falência é no Código Comercial do Império[1], datado de 1850, o qual previa uma reunião de credores para o caso de o falido propor uma concordata[2]. Nessa reunião, os credores do falido poderiam comparecer ou se fazer representar por procurador com poderes específicos e que não fosse um devedor nem representasse mais de um credor.

---

1. BRASIL. *Código Comercial do Império*. Disponível em: www.planalto.gov.br. Acesso em: 29.11.2020.
2. Art. 842 do Código Comercial do Império – "Ultimada a instrução do processo da quebra, o Juiz comissário, dentro de oito dias, fará chamar os credores do falido para em dia e hora certa, e na sua presença se reunirem, a fim de se verificarem os créditos, se deliberar sobre a concordata, quando o falido a proponha, ou se formar o contrato de união, e se proceder à nomeação de administradores.

O chamamento a respeito dos credores conhecidos será por carta do escrivão, e aos não conhecidos por editais e anúncios nos periódicos: e nas mesmas cartas, editais e anúncios se advertirá, que nenhum credor será admitido por procurador, se este não tiver poderes especiais para o ato (art. 145), e que a procuração não pode ser dada a pessoa que seja devedora ao falido, nem um mesmo procurador representar por dois diversos credores (art. 822)."

Ainda não havia uma classe destinada a créditos trabalhistas, até porque em 1850 não se falava em direito trabalhista[3], eis que vigia vergonhoso regime de escravização no Brasil. A propósito, é deste mesmo ano a Lei das Terras e a lei inglesa que proibiu o tráfico de escravos, mas ainda se passaria quase meio século para a escravidão ser abolida e o trabalho assalariado passar a ser a regra e não a exceção[4].

De todo modo, é possível observar que os créditos decorrentes de "salários ou soldadas de feitores, guarda-livros, caixeiros, agentes e domésticos do falido, vencidas no ano imediatamente anterior à data da declaração da quebra e as soldadas das gentes de mar que não estiverem prescritas", pagamentos que possuíssem natureza de contraprestação de serviços prestados eram tratados como créditos privilegiados.

Em 1890, com a edição do Decreto 917, mudaram as regras da participação dos credores na concordata, dando a eles um protagonismo na concessão ou não da concordata, porque de acordo com o artigo 45 do referido Decreto, a concordata deveria ser concedida pelos credores que representassem, pelo menos, ¾ (três quartos) da totalidade dos "créditos reconhecidos verdadeiros e admitidos no passivo", com exceção daqueles "credores da massa e de domínio (reivindicantes), separatistas, privilegiados e hipotecários."[5] Caso esses credores excluídos da concordata quisessem tomar parte dela, poderiam fazê-lo, sendo tratados como quirografários.

Nessa fase, embora já não houvesse mais escravidão no Brasil, ainda não havia a figura dos créditos trabalhistas como derivados da legislação do trabalho, mas o instituto dos créditos privilegiados permaneceu igual ao que existia sob a égide do Código Comercial do Império e, portanto, os referidos créditos decorrentes de relações de trabalho somente seriam admitidos na concordata por vontade própria e perdendo o privilégio.

Alterações na regulamentação da concordata se seguiram, mas em todas elas foram mantidas a ideia de que os créditos decorrentes de trabalho (fosse empregado ou não) deveriam ter tratamento privilegiado e estariam excluídos da concordata.

---

3. O marco inicial do Direito do Trabalho no Brasil é assunto muito controvertido dentre os doutrinadores brasileiros, razão pela qual deixamos de lado essa discussão, assumindo como marco legislativo de proteção ao trabalhador o decreto 3.724 de 15.01.1919 sobre acidente do trabalho, pois "dada a sua enorme reincidência e em razão de seus terríveis efeitos (equiparáveis ao de uma guerra, ou piores), o acidente do trabalho foi um dos fatos sociais mais determinantes para essa mudança do modelo jurídico e político do Estado [...]" In: SOUTO MAIOR, Jorge Luiz; CORREIA, Marcus Orione Gonçalves. *Curso de direito do trabalho*: teoria geral do direito do trabalho. São Paulo: LTr, 2007. v. 1, p. 18.
4. "De fato, em 1850 a Inglaterra proíbe o tráfico de escravos nos mares atlânticos; com isso, o problema dos 'braços' para a lavoura tornou-se central na economia brasileira. Ademais, sobretudo a partir da segunda metade do século XIX, a agricultura brasileira sofre uma transformação sensível em seu perfil impulsionada pelo cultivo do café, e esse novo perfil – exigente de uma racionalização maior da produção – requisitava uma mobilidade de capitais cada vez mais incompatíveis com a escravidão (que demandava imobilização de enormes somas). Por fim, uma maquinaria cada vez mais complexa na moagem do café e da cana de açúcar exigia uma mão de obra mais preparada. Não se deve desprezar ainda a crescente movimentação de setores políticos brasileiros (como se pode ver nos debates parlamentares de então) na condenação moral da escravidão e na luta pela transição (embora "cautelosa" e preocupada com os interesses dos proprietários) ao trabalho livre." (FONSECA, Ricardo Marcelo. A Lei de Terras e o advento da propriedade moderna no Brasil. *Anuario Mexicano de Historia del Derecho*, v. 17, 200. Disponível em: http://www.juridicas.unam.mx/publica/rev/hisder/cont/17/cnt/cnt5.htm#P25. Acesso em: 20.11.2009).
5. Art. 45 do Código Comercial do Império. "Para ser válida a concordata, deverá ser concedida por credores que representem no mínimo ¾ da totalidade dos creditos reconhecidos verdadeiros e admittidos no passivo, com exclusão dos credores da massa e de dominio (reivindicantes), separatistas, privilegiados e hypothecarios."

A Lei 2024/1908, de autoria de Carvalho de Mendonça, que buscava de organizar os créditos na falência, em relação aos direitos dos trabalhadores – embora ainda não se pudesse falar em direitos trabalhistas como conhecidos atualmente – em seu artigo 91 determinava que eles seriam credores privilegiados sobre todo o ativo da falência, ressalvados os credores com garantias hipotecárias, de anticrese e penhor agrícola:

> Art. 91 da Lei 2024/1908 "São credores privilegiados sobre todo o activo da fallencia, salvo o direito dos credores garantidos por hypotheca, antichrese, penhor agricola, anterior e regularmente inscriptos:
>
> 1. A Fazenda Nacional e a Estadual e as municipalidades por divida fiscal, observando-se a disposição do art. 330 do decreto n. 848, de 11 de outubro de 1890.
>
> 2. Os portadores de obrigações (debentures), emittidas pelas sociedades anonymas e em commandita por acções.
>
> 3. Os prepostos ou empregados e domesticos do fallido pelos salarios vencidos no anno anterior á declaração da fallencia, embora não tenham registrados os seus titulos de nomeação.
>
> 4. Os operarios a serviço do fallido pelos salarios vencidos nos dous mezes anteriores á declaração da fallencia.
>
> 5. A equipagem pelas soldadas e salarios não prescriptos, nos termos do art. 449, n. 4, do Codigo Commercial."

Para os prepostos ou empregados e domésticos do falido, a preferência seria limitada aos salários vencidos no ano anterior à declaração da falência, mesmo que não tivessem registrados os seus títulos de nomeação. Para os operários a serviço do falido, a limitação seria aos salários vencidos nos dois meses anteriores à declaração da falência e, inclusive, o pessoal da equipagem pelas soldadas e salários não prescritos, nos termos do Código Comercial vigente na ocasião.

Além desses credores que tinham preferência sobre todo o ativo, também havia alguns trabalhadores que possuíam privilégios sobre determinados bens móveis, como era o caso dos trabalhadores rurais e agrícolas[6].

---

6. Art. 92 da Lei 2024/1908. "São credores privilegiados, sobre determinados moveis:
   1. Os credores pignoraticios sobre as cousas entregues em penhor.
   2. Os credores com direito de retenção sobre as cousas retidas, entre outros:
      a) os contemplados nos casos já previstos em lei (Codigo Commercial, arts. 96, 97, 117, 156, 189, 190, 198 e outros);
      b) os artistas, fabricantes e empreiteiros sobre os objectos que fabricarem ou concertarem e dos quaes estejam de posse, para pagamento de seus salarios, fornecimentos de material e mais vantagens estipuladas;
      c) os credores por bemfeitorias sobre o augmento do valor que com ellas deram ao objecto ainda em seu poder;
      d) os credores nos casos do art. 93, §§ 1º e 2º, desta lei e do art. 108 do Codigo Commercial.
   3. Os trabalhadores ruraes ou agricolas, nos termos dos decretos legislativos n. 1.150, de 5 de janeiro de 1904, e n. 1.607, de 29 de dezembro de 1906.
   4. Aquelles a quem o direito maritimo confere privilegios, taes são:
      a) na cousa salvada, quem a salvou, pelas despezas com que a fez salvar (Codigo Commercial, art. 738);
      b) no navio e fretes da ultima viagem a tripulação (Codigo Commercial, art. 504);
      c) no navio, os que concorreram com dinheiro para a sua compra, concerto, aprestos ou provisões (Codigo Commercial, art. 475);
      d) nas fazendas carregadas, o aluguel ou frete, as despezas e avaria grossa (Codigo Commercial, arts. 117, 626 e 627);
      e) no objecto sobre que recahiu o emprestimo maritimo, o dador de dinheiro a risco (Codigo Commercial, arts. 633 e 662)."

Em relação à concordata, a lei continuava excluindo os créditos privilegiados da falência (portanto, parte dos créditos dos trabalhadores), mas como nem todo crédito de trabalho era privilegiado, neste momento histórico se pode afirmar que a concordata aceitava credores cujos créditos tivessem sido derivados do trabalho.

A Lei de 1908 vigorou por mais de 20 (vinte) anos até que em 1929, durante a crise que abalou o capitalismo mundial, foi publicada o Decreto 5746/1929. Em relação aos créditos dos trabalhadores, a lei inovou quando incluiu nos créditos, com privilégio especial sobre a produção da fábrica, o crédito decorrente de indenização por acidente do trabalho[7]. Permanecia a existência da assembleia de credores e a necessidade de aprovação da concordata que ainda excluía os créditos privilegiados e, portanto, a maioria dos créditos trabalhistas.

Em meados de 1945, posteriormente, portanto, à edição da Consolidação das Leis do Trabalho, surgiu o Decreto-Lei 7.661, que vigorou até a edição da Lei 11.101/2005.

Dentre as principais inovações trazidas pelo referido Decreto-Lei, estavam o fato de que as concordatas (preventiva e suspensiva) deixaram de ser um contrato entre devedor e credores para ser para ser um benefício concedido pelo Estado e os créditos trabalhistas passaram a ser preferenciais na falência sem nenhuma limitação, ficando totalmente excluídos da concordata.

Esse Decreto-Lei de 1945, editado ao final da Segunda-Guerra Mundial, e no anoitecer da Ditadura Vargas, teve como pano de fundo uma sociedade rurícola, com sua economia urbana totalmente baseada no comércio e em poucas indústrias, concentradas nos maiores centros urbanos, na época não tão grandes.

Segundo ensina Mauro Rodrigues Penteado[8], o texto de 1945 era de muita qualidade técnica. Todavia, em que pese a boa técnica da legislação anterior, desde os anos 1980 eram grandes as pressões para que o Brasil mudasse sua legislação de falência e concordata.

Cedendo às severas críticas, especialmente diante das bem-sucedidas experiências estrangeiras, em 1992[9], o Presidente Fernando Collor de Mello nomeou comissão para examinar essa legislação e, para lastrear essa análise, alguns juristas foram chamados a opinar. Um desses juristas, Sebastião José Roque, de acordo com seu próprio relato em artigo publicado no site da Universidade Federal de Santa Catarina, entregou a esta comissão, "presidida pelo Dr. Raul Bernardo Nelson de Senna, dois anteprojetos: um calcado na lei italiana e outro na lei francesa, a Lei 85-98, de 25 de janeiro de 1985".

Conforme relata o mesmo autor, a referida comissão ainda assimilou a "Reorganização Societária" do direito norte-americano, apresentando projeto de lei, levado em

---

7. Art. 92 da Lei 5746/1929. Tem privilégio especial:
   [...] IV, o credito da victima pelas indemnizações de accidentes no trabalho, sobre a producção da fabrica em que se tiver dado o accidente, gozando a divida da preferencia excepcional attribuida pelo art. 759, paragrapho unico, do Codigo Civil, aos creditos dos trabalhadores agricolas, de serem pagos, precipuamente a quaesquer outros creditos, pela producção da fabrica; [...]
8. PENTEADO, Mauro Rodrigues. Comentários aos artigos 1º a 6º. In: SOUZA JÚNIOR, Francisco Satiro; PITOMBO, Antônio Sérgio A. de Moraes (Coord.). Comentários à Lei de Recuperação de Empresas e Falência: Lei 11.101/2005 – artigo por artigo. São Paulo: Ed. Revista dos Tribunais, 2007. p. 59.
9. ROQUE, Sebastião José. Assembleia-geral de credores é ponto crítico da Lei de Recuperação de Empresas. Boletim Jurídico. Disponível em: http://www.boletimjuridico.com.br/doutrina/texto.asp?id=1064. Acesso em: 15.06.2010.

definitivo[10] ao Congresso Nacional no governo do Presidente Itamar Augusto Cautiero Franco, no ano de 1993, sob o número 4373/93.

A partir de então, o projeto tramitou durante mais de 10 anos no Congresso Nacional com diversas emendas e discussões, até ser aprovado na Câmara dos Deputados no dia 15 de outubro de 2003, no Senado em 7 de julho de 2004 e, por fim, novamente pela Câmara em 14 de dezembro de 2004. Sancionada pelo Presidente da República, a Lei 11.101 foi promulgada em 9 de fevereiro de 2005.

Com o advento da Lei 11.101/2005, os créditos trabalhistas foram excluídos da recuperação extrajudicial e na recuperação judicial ganharam uma classe específica (Classe I), com privilégios especiais (prazos para pagamento dos créditos mais exíguos) e com quórum de votação diferenciada (todas as classes votam por crédito e os trabalhistas votam por cabeça: cada trabalhador, um voto, independente do valor do seu crédito).

Ao longo de 15 anos, a doutrina e a jurisprudência foram se assentando e – no entender do legislador, dentre outras reformas – era necessário fazer algumas alterações no tratamento dos créditos trabalhistas. Dentre as alterações trazidas em 2020 estão algumas que impactam diretamente estes credores como o elastecimento do prazo para quitação dos créditos trabalhistas para 2 (dois) anos e a inclusão dos créditos trabalhistas na recuperação extrajudicial, sendo que esta última é o objeto deste artigo.

2. A ALTERAÇÃO DO ARTIGO 161, § 1º E A INCLUSÃO DOS TRABALHISTAS NA RECUPERAÇÃO EXTRAJUDICIAL

Existente desde a aprovação do texto original da Lei 11.101/05, a recuperação extrajudicial está regulada pelos artigos 161 a 167 e se dá quando o devedor chama os credores (ou parte deles) e faz uma proposta de reorganização das dívidas. O devedor sempre pôde escolher quais credores queria que o plano extrajudicial atingisse, mas não podia fazê-lo em relação aos credores trabalhistas que estavam expressamente excluídos dessa modalidade de negociação.

Com a nova redação do §1º do artigo 161, os créditos da Classe I foram incluídos na recuperação extrajudicial, desde que haja "negociação coletiva com o sindicato da respectiva categoria profissional":

> Art. 161. O devedor que preencher os requisitos do art. 48 desta Lei poderá propor e negociar com credores plano de recuperação extrajudicial.
>
> §1º Estão sujeitos à recuperação extrajudicial todos os créditos existentes na data do pedido, exceto os créditos de natureza tributária e aqueles previstos no § 3º do art. 49 e no inciso II do caput do art. 86 desta Lei, e a sujeição dos créditos de natureza trabalhista e por acidentes de trabalho exige negociação coletiva com o sindicato da respectiva categoria profissional.

---

10. Segundo Sebastião José Roque, houve uma primeira tentativa de apresentação do projeto ainda enquanto o Presidente Fernando Collor estava no poder, mas essa tentativa restou infrutífera em razão das diversas críticas que o projeto sofreu. ROQUE, Sebastião José. op. cit.

A inclusão dos credores trabalhistas na Recuperação Extrajudicial já não era sem tempo, uma vez que os créditos trabalhistas, não raro, representam uma grande fatia – quando não a maior fatia – da totalidade dos débitos.

A possibilidade de negociação coletiva – inclusive quando a empresa está em dificuldade financeira – existe desde o início do Século XX, quando, sob a Constituição Federal de 1891, que previa a legalidade de associações civil e – em certa medida – permitiu que os sindicatos se organizassem[11].

Além disso, até hoje é muito comum que, antes mesmo de tentar qualquer plano de recuperação judicial ou extrajudicial, as empresas busquem os sindicatos profissionais para negociar algumas condutas como supressões ou reduções de benefícios, dispensas em massa ou até eventual redução de salário, fazendo com que os trabalhadores acabem, ainda que de forma indireta, sendo incluídos nas ações para sanar as crises das empresas.

Então qual seria a novidade trazida pelo legislador ordinário na reforma aprovada em novembro de 2020?

É que a redação do §1º do artigo 161 exige que a sujeição dos créditos trabalhistas tenha que ser negociada coletivamente, mas não fala que a negociação em si com estes credores precisa ser feita via sindicato.

Uma negociação coletiva pode ser feita de duas formas: sindicato(s) patronal com sindicato(s) profissionais ou empresa(s) diretamente com o sindicato profissional. A primeira forma, quando a negociação é feita entre sindicatos, chama-se Convenção Coletiva de Trabalho (CCT); a segunda, quando empresas diretamente negociam com os sindicatos profissionais, chama-se Acordo Coletivo de Trabalho (ACT). Quando uma dessas negociações não chega a um denominador comum, as partes negociantes recorrem ao Judiciário Trabalhista por meio de um Dissídio Coletivo, cuja decisão se faz por meio de uma sentença normativa.

Qualquer um desses cenários pode contemplar a "negociação coletiva" que permita a "sujeição dos créditos de natureza trabalhista e por acidentes de trabalho" à recuperação extrajudicial, podendo ser uma autorização completamente em branco ou uma autorização que já preveja algum tipo de condicionante ou de restrição.

Em tese, considerando que a recuperação extrajudicial tem um procedimento muito menos formal do que a recuperação judicial, ficaria à negociação coletiva a possibilidade de criar todo tipo de regra para a autorização.

Assim, seria possível, por exemplo, tanto uma convenção coletiva com uma cláusula aberta – que possibilitasse de uma forma geral que toda a categoria pudesse ser incluída em um eventual futuro plano de recuperação extrajudicial e delegasse ao momento da formalização do plano os demais, regramentos – quanto outra que autorizasse a sujeição dos créditos trabalhistas, condicionando à participação do sindicato nas negociações efetivas do plano ou fixasse um prazo para pagamento dos créditos trabalhistas ou, ainda, que criasse algum tipo de garantia no emprego como condição para a sujeição dos trabalhistas na recuperação.

---

11. A primeira lei geral de organização sindical foi o decreto 979/1903, dirigido aos trabalhadores agrícolas e em 1907 foi editado o decreto 1.637 que regulamentava a sindicalização de todos os profissionais, mesmo os liberais.

Ao sindicato dos trabalhadores é dada, portanto, a responsabilidade de negociar se os créditos trabalhistas poderão ou não ser incluídos na recuperação, mas, uma vez que a norma coletiva tenha permitido tal inclusão, o sindicato até pode representar os credores na votação do plano, mas deverá fazê-lo de acordo com o interesse de cada representado, uma vez que a votação do plano deve ser feita por cabeça, a fim de seguir toda a lógica da representação trabalhista.

Ainda será preciso amadurecer este formato e o Poder Judiciário – especialmente o trabalhista – ainda precisará modular eventuais interpretações para assegurar que não haja abuso de forma ou nenhum tipo de violação aos direitos trabalhistas. Entretanto, numa análise inicial do instituto, ele tem tudo para ser validado pelos operadores do Direito, especialmente, porque veio ao encontro do Princípio do Negociado sobre o Legislado, que permeou toda a chamada reforma trabalhista de 2017 e que já vinha insculpido nas entrelinhas da Constituição Federal desde seu nascedouro em 1988.

3. A IMPORTÂNCIA DO SINDICATO NA TENSÃO EMPREGADO X EMPREGADOR

O legislador poderia ter dispensado a participação sindical na recuperação extrajudicial, mas não o fez, certamente porque reconhece que – quando o assunto é negociação entre empregados e empregadores – o poder do capital exige uma intervenção de uma entidade externa.

A relação de emprego é sempre uma relação tensa: de um lado, há o empregador querendo pagar o mínimo possível para o máximo de trabalho e, de outro, há o empregado querendo receber o máximo possível pelo mínimo de trabalho. O Estado legislador apresenta alguns limites para que as partes consigam manter a tensão devidamente equacionada.

Paralela à atuação estatal, existe a atuação das forças negociais coletivas (via sindicato) e individuais. É desse arcabouço – acrescido de outras fontes como os regulamentos de empresa, por exemplo – que nascem as regras para o contrato de trabalho.

O sindicato no Brasil nasce rural, como era de esperar em razão da tardia industrialização do país, mas em pouco tempo chega às cidades e logo nas primeiras décadas – culminando com a assinatura do Tratado de Versailles – o Brasil caminhou para a formação das leis trabalhistas e, com elas, sempre a organização sindical.

Em 1934, a Constituição entrou, pela primeira vez, bastante fundo, nos temas sindicais, quando, em seu artigo 121 e seus parágrafos elencou os direitos trabalhistas, ingressando, até mesmo, no campo da organização sindical, adotando os princípios do Reconhecimento do Sindicato nos termos da lei ordinária, da Autonomia Sindical e da Pluralidade Sindical.

"A bela página político-social de 34 foi, severamente, arrancada de nossa História pela mão de ferro do legislador de 37"[12] e nova Constituição nasceu com a cara do regime

---

12. RUSSOMANO, Mozart Victor. A ORGANIZAÇÃO SINDICAL E A FUTURA CONSTITUIÇÃO. Versão escrita da conferência proferida, oralmente, em 25 de setembro de 1986, no auditório da Ordem dos Advogados do

de Getúlio Vargas, acabando com a pluralidade sindical e transformando o Sindicato no Braço corporativo do Estado dentro das organizações privadas.

De lá para cá, o Brasil vive às voltas em busca de um sistema sindical que tenha representatividade eficaz, que seja genuinamente democrático e que atenda às necessidades dos players envolvidos na vida sindical.

O modelo da Constituição de 1988 contemplou a liberdade e a unicidade sindical. Assim, em que pese só possa existir um sindicato para cada categoria profissional em cada município, o trabalhador poderá ou não se sindicalizar. Até a chamada reforma trabalhista de 2017, mesmo os trabalhadores não sindicalizados eram obrigados a contribuir com um dia de salário por ano para o sindicato profissional (contribuição sindical, antigo imposto sindical), mas desde então, tal contribuição obrigatória e universal desapareceu.

O fim da obrigatoriedade da Contribuição Sindical obrigatória foi objeto da ADI 5794DF e em julgamento ocorrido em 29.06.2018 foi declarada, por 6 x 3[13], constitucional, ratificando uma nova era para a representação sindical no Brasil.

A princípio houve uma grande comemoração por parte dos trabalhadores – que deixaram de ter a obrigação de pagar 1/365 de seus ganhos para o sindicato – e dos empregadores – que acreditavam que "um sindicato mais pobre incomodaria menos".

O tempo vem mostrando, por outro lado, que o Sindicato Profissional é tão importante para os empregados quanto para a empresas e o motivo é demasiadamente simples: sem o sindicato para fazer uma negociação coletiva, empregados e empregadores precisarão negociar de forma individual, o que gera um desgaste e um custo muito maior para a empresa e uma chance muito menor para o empregado.

Além do mais, em uma negociação coletiva, há um maior equilíbrio de poderes do que quando a negociação é individual. Primeiro, porque o Brasil permite a dispensa sem justa causa mediante pagamento de um aviso prévio que pode chegar a 90 dias e mais uma multa de 40% sobre o valor depositado na conta de FGTS do empregado, o que torna o empregado quase que descartável para a empresa.

Por outro lado, em uma grande empresa, com milhares de empregados a negociação individual é completamente inviável, além de absolutamente cara. Isso sem falar nas verbas cujas naturezas salariais podem ser retiradas por meio negociação coletiva e que podem impactar reduções importantes de contribuições previdenciárias. Exemplo disso é a Participação dos Lucros e Resultados (PLR), a qual tem a grande vantagem de não ser base de cálculo para contribuições previdenciárias, desde que seja instituída por meio de negociação coletiva.

Vale lembrar, ainda, que pode haver mais de um sindicato profissional, porque algumas categorias (como advogados, engenheiros, enfermeiros, médicos, químicos, por

---

Brasil – Seção do Distrito Federal, sob o patrocínio do Tribunal Superior do Trabalho, nas comemorações do 40.º aniversário da inclusão da Justiça do Trabalho no Poder Judiciário.

13. Votaram pela Constitucionalidade do fim da obrigatoriedade da contribuição sindical para não sindicalizados os seguintes ministros: Luiz Fux, Alexandre de Moraes, Luís Roberto Barroso, Gilmar Mendes, Marco Aurélio e Carmen Lúcia. A favor da inconstitucionalidade, o relator Edson Fachin o Ministro Dias Toffoli e a Ministra Rosa Weber, a qual entendeu que Lei Ordinária não poderia extinguir a contribuição, especialmente porque ela não se destinava somente ao custeio dos sindicatos.

exemplo), são chamadas categorias diferenciadas e, a despeito da atividade desenvolvida pela empresa, sempre serão representados pelo seu sindicato profissional. Assim, será necessário que haja uma negociação com cada um dos sindicatos profissionais para sujeitar os correspondentes créditos.

Ao que parece, a nova redação do §1º do artigo 161 da LRF será mais uma força a pesar a favor da manutenção de um sistema sindical atuante, capaz de representar os interesses dos trabalhadores e de mediar as situações de conflito e, mais do que isso, é mais um tijolo na nova construção de um modelo negociado de relações de trabalho, em que a autonomia privada coletiva ganha protagonismo.

4. O EMPREGADO HIPERSSUFICIENTE E A NECESSIDADE DA PARTICIPAÇÃO SINDICAL

Dentre as grandes alterações trazidas pela chamada Reforma Trabalhista de 2017 talvez a principal delas tenha sido a mudança de um modelo fundado na proteção estatal dos direitos dos trabalhadores para um modelo mais negocial, prestigiando a ótica liberal dentro da qual foi construída.

Com as diversas alterações feitas, a mudança no artigo 444 da CLT criou uma nova relação de poder dentro do trio empregadores – sindicatos – empregados, porque ao mesmo tempo em que cria o Princípio de que o Negociado supera o Legislado, retira a obrigação de negociação coletiva para algumas matérias – como banco de horas – e ainda cria um grupo de empregados hiperssuficientes que tem a negociação privada equiparada à coletiva:

> Art. 444. As relações contratuais de trabalho podem ser objeto de livre estipulação das partes interessadas em tudo quanto não contravenha às disposições de proteção ao trabalho, aos contratos coletivos que lhes sejam aplicáveis e às decisões das autoridades competentes.
>
> Parágrafo único. A livre estipulação a que se refere o *caput* deste artigo aplica-se às hipóteses previstas no art. 611-A desta Consolidação, com a mesma eficácia legal e preponderância sobre os instrumentos coletivos, no caso de empregado portador de diploma de nível superior e que perceba salário mensal igual ou superior a duas vezes o limite máximo dos benefícios do Regime Geral de Previdência Social.

A partir desse novo modelo, questiona-se se a necessidade de negociação coletiva para a sujeição de todos os créditos trabalhistas ou somente daqueles empregados hipossuficientes.

Numa análise temporal da lei, se poderia imaginar que, por ser uma lei mais nova e, não tendo sido excepcionados pelo legislador, todos os créditos – mesmo os dos empregados hiperssuficientes – estariam abarcados pela necessidade de aprovação por meio de negociação coletiva.

Ocorre que o parágrafo único do artigo 444 da CLT eleva as negociações individuais entre este grupo restrito de empregados e seus empregadores à "mesma eficácia legal" e ainda a coloca em posição de "preponderância sobre os instrumentos coletivos". E não se argumente que parágrafo único do artigo 444 da CLT remete às hipóteses do artigo 611–A da mesma lei, porque tal dispositivo é meramente exemplificativo.

Não se ignoram as críticas à capacidade efetiva de negociação desta classe de empregados, mas uma análise formal da legislação vigente permite dizer que para aqueles profissionais com curso superior e que recebam salário maior do que o dobro do teto de benefícios previdenciários, qualquer acordo individual terá preponderância em relação a uma norma coletiva, de modo que tanto se pode excluir da recuperação extrajudicial quando houver uma norma coletiva autorizando a sujeição dos créditos trabalhistas globais, quanto pode incluir a despeito até mesmo da existência de norma coletiva vedando expressamente a inclusão.

5. CUIDADOS NO TRATAMENTO DOS CRÉDITOS TRABALHISTAS

Se para a recuperação judicial o legislador apresentou algumas sugestões para o plano de recuperação, o mesmo não acontece com a recuperação extrajudicial. Ainda assim, é possível que o plano preveja alterações nos contratos de trabalho vigentes.

Entretanto, se não pode olvidar que o artigo 161 da LRF diz somente sobre "créditos existentes na data do pedido" e não trata da possibilidade de alteração dos contratos de trabalho em vigor naquele momento. Portanto, a autorização coletiva para a sujeição dos créditos trabalhistas à recuperação extrajudicial deve ser entendida de forma restrita, ou seja, alcançando somente os créditos vencidos. Para qualquer alteração nos contratos de trabalho como parte do plano de recuperação extrajudicial, é essencial que haja a efetiva participação do sindicato na negociação, fazendo uma efetiva negociação coletiva com a forma prescrita em lei para tanto, com as correspondentes assembleias.

Vale notar que a celebração de acordos coletivos possui regramento procedimental próprio no artigo 612 da CLT, o qual prevê que as deliberações para celebrar Convenções ou Acordos Coletivos de Trabalhos só podem ser feitas por Assembleia geral, especialmente convocada para este fim, e deve obedecer ao seguinte *quorum* de comparecimento e votação: em primeira convocação, de 2/3 (dois terços) dos associados da entidade, se se tratar de Convenção, e dos interessados, no caso de Acordo e, em segunda, 1/3 (um terço) dos membros. Se o sindicato tiver mais de 5 (cinco mil) associados, o *quorum* de comparecimento e votação será de 1/8 (um oitavo) em segunda convocação.

Como já foi dito acima, a Reforma Trabalhista de 2017 primou pelo protagonismo das negociações – especialmente coletivas – colocando-as em posição de superioridade à lei. Entretanto, a própria CLT definiu que alguns temas não poderiam ser objeto de negociação coletiva (art. 611-B), além, evidentemente, dos direitos previstos no artigo 7º da Constituição Federal. Portanto, também não é toda e qualquer alteração nos contratos vigentes que poderá ser implementada, mesmo por meio de negociação coletiva.

A própria LRF já explicita a necessidade de negociação coletiva quando o plano de recuperação judicial trouxer determinadas alterações nos direitos dos trabalhadores ativos ao tempo da recuperação, como quando trata de redução salarial[14], no artigo 50, VIII.

---

14. Para a importância do salário, de grande valia é a lição de Alice Monteiro de Barros para quem o salário é um valor superior que deverá presidir as relações humanas, entre as quais as relações jurídico-trabalhistas. (BARROS, Alice Monteiro de. *Curso de direito do trabalho*. 4. ed. São Paulo: LTr, 2008. p. 589).

E não é uma proteção desmedida, porque assim como "a crise fatal de uma grande empresa significa o fim de postos de trabalho"[15], "nenhuma alteração será justa se transferir ao empregado a responsabilidade pelos eventuais problemas de ordem econômica e financeira enfrentados pela empresa"[16].

Além da hipótese de redução salarial como meio de recuperação da empresa, o artigo 50 da Lei 11.101/05 traz diversos outros caminhos para a recuperação que podem repercutir nos direitos trabalhistas de empregados e ex-empregados do devedor e que podem ser também objeto da recuperação extrajudicial.

Mais do que isso, o *caput* do artigo 50 registra, expressamente meios de recuperação exemplificativos. Assim, se poderia imaginar que o plano de recuperação da empresa poderia prever qualquer tipo de alteração no contrato de trabalho, como reduções de benefícios (extinção do plano de saúde, corte de cesta básica, redução do valor do vale--refeição e do vale-alimentação).

As leis trabalhistas permeiam a ordem pública[17] e, considerando a sua natureza protetiva e a irrenunciabilidade em geral, os benefícios outorgados ao trabalhador, embora possam ser acrescentados, jamais podem ser modificados *in pejus*.

Diante disso, as possibilidades de alteração do contrato de trabalho como meio de recuperação das empresas são muitas e a intenção de garantir os empregos pode permitir ao aplicador sopesar princípios e, em casos extremos, aceitar a redução temporária de alguns direitos garantidos aos trabalhadores em nome dessa preservação do posto de trabalho. Todavia, tais reduções não podem ser tamanhas a ponto de abolir ou mesmo inviabilizar exercício de direito constitucionalmente garantido, razão pela qual devem ser limitadas pelos princípios e direitos mínimos estabelecidos pela Constituição Federal.

Ainda é essencial que qualquer plano de recuperação preveja um tratamento igualitário e universal aos créditos, sendo que qualquer tratamento diferenciado precisa ter um fato de *discrimen* que vise a restabelecer eventuais distorções existentes (medidas afirmativas), respeitando as peculiaridades dos cargos e das funções desempenhados.

Acrescente-se à necessidade de participação do sindicato, a obrigatoriedade de que sejam observadas as normas trabalhistas relativas à jornada de trabalho, como a limitação de 2 horas extras por dia[18] e o limite diário e semanal de jornada[19]. Assim, não se poderia aceitar a validade de um plano de recuperação judicial em que os empregados, ainda que de setor específico da empresa, passassem a trabalhar mais de 2h além da sua jornada

---

15. COELHO, Fábio Ulhôa. *Comentário à nova Lei de Falências e de Recuperação de Empresas: Lei n. 11.101, de 9-2-2005*. 3. ed. São Paulo: Saraiva, 2005. p. 24.
16. COUTINHO, Grijalbo Fernandes. *Fragmentos do ativismo da magistratura*. São Paulo: LTr, 2006. p. 2.
17. RUPRECHT, Alfredo J. *Os princípios do direito do trabalho*. Trad. Edilson Alkmin Cunha. São Paulo: LTr, 1995. p. 31.
18. Art. 59 da CLT. "A duração normal do trabalho poderá ser acrescida de horas suplementares, em número não excedente de 2 (duas), mediante acordo escrito entre empregador e empregado, ou mediante contrato coletivo de trabalho."
19. Artigo 7º da Constituição Federal. "São direitos dos trabalhadores urbanos e rurais, além de outros que visem à melhoria de sua condição social: XIII – duração do trabalho normal não superior a oito horas diárias e quarenta e quatro semanais, facultada a compensação de horários e a redução da jornada, mediante acordo ou convenção coletiva de trabalho".

normal[20] ou que o trabalhado extraordinário, mesmo que limitado às 2h, tivesse remuneração inferior aos 50% previstos pelo inciso XVI do artigo 7º da Constituição Federal[21].

Como outra forma de recuperação da empresa, o devedor, para ajudar a reduzir as despesas com insumos e armazenagem de mercadoria, enquanto tenta recolocar-se no mercado, poderia dar férias coletivas aos seus empregados. Essas férias coletivas são previstas na CLT e devem seguir o que determina a lei (artigo 139[22] e seguintes da CLT), sendo garantido aos empregados, inclusive, receber o 1/3 sobre o valor das férias previsto na Constituição.

Segundo Alice Monteiro de Barros[23], as férias coletivas surgiram no ordenamento jurídico pátrio em 1977, pelo decreto 1.535, exatamente "como faculdade concedida ao empregador em face de crise econômica capaz de permitir a suspensão provisória da produção de certas empresas".

Ainda relacionado às férias, é interessante notar que a Constituição Federal não se refere a período mínimo de férias, apenas garantindo que haja gozo de férias anuais remuneradas, com acréscimo mínimo de 1/3 sobre o valor do salário normal (art. 7, XVII da Constituição Federal).

Nesse diapasão, se poderia imaginar que o plano de recuperação poderia reduzir o período de férias, desde que respeitasse a anualidade e a remuneração acrescida de 1/3 do salário normal. Entretanto, isso não é possível por vedação expressa do artigo 612-B.

Quanto às normas de segurança e medicina do trabalho, atividades insalubres, perigosas e penosas, nada pode ser alterado de maneira que possa prejudicar o empregado. Essa proibição pode atingir, inclusive, a troca de fornecedor de EPI, caso o novo equipamento tenha qualidade inferior ao antigo. Todavia, a avaliação de que um EPI tem qualidade inferior ao outro deve ser feita por pessoa qualificada para tanto.

Quando o plano de recuperação contiver previsão de dispensas de pessoal, todas as verbas rescisórias devem ser quitadas em 10 dias e o FGTS, mesmo que tenha sido parcelado pelo plano de recuperação judicial, deve ser integralmente quitado para o

---

20. "A limitação da jornada de trabalho no Estado Social e Democrático de Direito é fruto de diversas constatações médicas associadas à questão da saúde da pessoa humana, pois, cientificamente comprovado (sic.) está a necessidade de que o tempo laboral seja distribuído de modo adequado, a fim de ser reservada a saúde do indivíduo trabalhador que, já pela sua condição de hipossuficiência econômica, tente a transigir mesmo com suas necessidades fisiológicas mais básicas, em busca de um lugar ao sol que se abre, normalmente, para um grupo bem seleto de pessoas que fazem parte da elite do mercado global." BRANCO, Ana Paula Tauceda. A colisão de princípios constitucionais no direito do trabalho. São Paulo: LTr, 2007. p. 131.
21. Artigo 7º da Constituição Federal. "São direitos dos trabalhadores urbanos e rurais, além de outros que visem à melhoria de sua condição social: XVI – remuneração do serviço extraordinário superior, no mínimo, em cinquenta por cento à do normal."
22. Art. 139. Poderão ser concedidas férias coletivas a todos os empregados de uma empresa ou de determinados estabelecimentos ou setores da empresa.
 § 1º As férias poderão ser gozadas em 2 (dois) períodos anuais desde que nenhum deles seja inferior a 10 (dez) dias corridos.
 § 2º Para os fins previstos neste artigo, o empregador comunicará ao órgão local do Ministério do Trabalho, com a antecedência mínima de 15 (quinze) dias, as datas de início e fim das férias, precisando quais os estabelecimentos ou setores abrangidos pela medida.
 § 3º Em igual prazo, o empregador enviará cópia da aludida comunicação aos sindicatos representativos da respectiva categoria profissional, e providenciará a afixação de aviso nos locais de trabalho.
23. BARROS, Alice Monteiro de. op. cit., p. 736.

trabalhador despedido. No caso de recuperação judicial, a jurisprudência do Tribunal Superior do Trabalho se consolidou no sentido de que não incide a multa pelo atraso nos pagamentos das verbas rescisórias prevista no artigo 477, §8º da CLT, em analogia ao entendimento da súmula 388 do mesmo tribunal que afasta tal penalidade em caso de falência. Entretanto, uma vez que a recuperação extrajudicial para créditos trabalhistas ainda é recém nascida, não há como afirmar se o mesmo entendimento aplicado à recuperação judicial será estendido à recuperação extrajudicial e a contingência precisa ser considerada na elaboração do plano.

Ademais, não é admissível que a dispensa seja de caráter discriminatório, ou seja, o fator determinante na escolha de quem serão os dispensados não pode ser sexo, cor ou origem social e, também, não pode ser pela existência de doenças ou deficiência.

Devem ser respeitadas, entrementes, as garantias de emprego como a da gestante, do acidentado, do dirigente sindical e do cipeiro, bem como as indenizações relativas à rescisão do contrato de trabalho (aviso prévio e multa de 40% sobre o saldo do FGTS[24]) sem nenhum tipo de desconto, com quitação de depósitos de FGTS em atraso e fornecimento de todas as guias competentes para levantamento do FGTS e recebimento do seguro-desemprego[25].

Uma modalidade de contratação muito ligada às crises empresariais é o contrato por prazo determinado da lei 9601/98[26], a qual previu a possibilidade de criação de contratos por prazo determinado, por acordo ou convenção coletivos, para qualquer atividade, desde que para admissões que representem acréscimo na quantidade de empregados.

Esses contratos foram muito atrativos, especialmente, nos primeiros 60 meses em que vigoraram as vantagens do artigo segundo[27] da mesma lei. Nada impede, nesse

---

24. "Ou seja, o sistema brasileiro consagrou a reparação econômica em caso da despedida sem justificativa. Enquanto não for editada a referida lei complementar (conforme pede o inciso I do artigo 10º do Ato das Disposições Constitucionais Transitórias), o empregador é obrigado a indenizar o empregado despedido em 40% do saldo do seu Fundo de Garantia do Tempo de Serviço (FGTS)." MARTINS, Sérgio Pinto. Despedida coletiva. O Estado de S. Paulo, São Paulo, 10 jun. 2009. Disponível em: http://www.estadao.com.br/estadaodehoje/20090610/not_imp385072,0.php. Acesso em: 12 jun. 2011.
25. "A proteção de que cogita a Carta Magna corresponde, na verdade, a um conjunto de normas aplicáveis à despedida arbitrária ou sem justa causa: a) indenização compensatória (inc. I); b) seguro-desemprego (inc. II); c) levantamento dos depósitos do Fundo de Garantia do Tempo de Serviço – FGTS (inc. III); e d) aviso prévio proporcional ao tempo de serviço (inc. XXI)." SÜSSEKIND, Arnaldo. op. cit., p. 139.
26. Art. 1º da Lei 9601/98. "As convenções e os acordos coletivos de trabalho poderão instituir contrato de trabalho por prazo determinado, de que trata o art. 443 da Consolidação das Leis do Trabalho – CLT, independentemente das condições estabelecidas em seu § 2º, em qualquer atividade desenvolvida pela empresa ou estabelecimento, para admissões que representem acréscimo no número de empregados."
27. Art. 2º da Lei 9601/98. "Para os contratos previstos no art. 1º, são reduzidas, por sessenta meses, a contar da data de publicação desta Lei: I – a cinquenta por cento de seu valor vigente em 1º de janeiro de 1996, as alíquotas das contribuições sociais destinadas ao Serviço Social da Indústria – SESI, Serviço Social do Comércio – SESC, Serviço Social do Transporte – SEST, Serviço Nacional de Aprendizagem Industrial – SENAI, Serviço Nacional de Aprendizagem Comercial – SENAC, Serviço Nacional de Aprendizagem do Transporte – SENAT, Serviço Brasileiro de Apoio às Micro e Pequenas Empresas – SEBRAE e Instituto Nacional de Colonização e Reforma Agrária – INCRA, bem como ao salário educação e para o financiamento do seguro de acidente do trabalho; II – para dois por cento, a alíquota da contribuição para o Fundo de Garantia do Tempo de Serviço – FGTS, de que trata a Lei 8.036, de 11 de maio de 1990.

Parágrafo único. As partes estabelecerão, na convenção ou acordo coletivo, obrigação de o empregador efetuar, sem prejuízo do disposto no inciso II deste artigo, depósitos mensais vinculados, a favor do empregado, em estabelecimento bancário, com periodicidade determinada de saque."

ínterim, que sejam manejados como meio de recuperação, mas deve ficar claro que este tipo de contratação não poderá ser precedido de uma dispensa coletiva, eis que um dos requisitos da lei é a majoração da quantidade de empregados.

Ainda outra medida conhecida dos operadores do direito do trabalho, que pode ser incorporada aos planos de recuperação extrajudicial, é a suspensão do contrato para qualificação profissional por um período de dois a cinco meses, nos termos do artigo 476-A da CLT.

Essa qualificação deve ser oferecida pelo empregador, com duração equivalente à suspensão contratual e deve ter previsão em convenção ou acordo coletivo de trabalho. A lei prevê uma série de procedimentos para que seja concedida essa suspensão, os quais devem ser obedecidos pela empresa que pretenda utilizar-se dela como um dos meios de recuperação judicial.

Essa suspensão é importante, porque é possível manter o vínculo de emprego com os trabalhadores que aproveitam para se qualificar à custa do empregador e, se a recuperação falhar, o empregado sai mais bem preparado para se recolocar no mercado de trabalho. É um evidente cumprimento da função social da empresa.

A ajuda compensatória mensal não é obrigatória, mas, se for paga, não tem natureza salarial, o que reduz muito o custo do empregado para a empresa. Dependendo do valor do curso de qualificação, apenas considerando a economia com impostos e contribuições sociais incidentes sobre o salário, é possível manter o valor líquido do salário do empregado e economizar um valor importante para a empresa, enquanto durar a qualificação.

É importante colocar em destaque que a empresa em recuperação não deverá utilizar-se da suspensão do contrato de trabalho, se acreditar que terá que dispensar os empregados cujos contratos ficaram suspensos, pois poderá ter que pagar, além das verbas rescisórias, multa a ser estabelecida em convenção ou acordo coletivo, sendo de, no mínimo, cem por cento sobre o valor da última remuneração mensal anterior à suspensão do contrato.

6. CONCLUSÕES

A novidade da possibilidade da inclusão dos credores trabalhistas na recuperação extrajudicial é empolgante e abre espaço para o amadurecimento das relações negociais, o que atende tanto à lógica de toda a reforma legislativa falimentar de 2020 quanto à lógica da reforma trabalhista de 2017.

O Sindicato, como representante dos interesses dos trabalhadores, deve anuir com a inclusão e pode até estabelecer algumas condicionantes. Entretanto, não é dele a responsabilidade de negociar em nome dos credores e, se o fizer, será na condição de quem representa cada um dos trabalhadores que deve votar de modo individualizado, de acordo com o interesse de cada um, a fim de que não haja uma distorção na lógica democrática das classes.

Aos trabalhadores hiperssuficientes a lei trabalhista destina tratamento diferenciado, o que pode ser estendido para os fins do §1º do artigo 161, de modo que aqueles empregados ou ex-empregados com curso superior completo e que recebam (ou receberam como última remuneração) salário igual ou maior ao dobro do teto da previdência social podem negociar diretamente com a devedora, inclusive em sentido diverso do que tenha sido negociado pelo sindicato profissional.

Não se devem olvidar, também, dos sindicatos das categorias diferenciadas os quais devem anuir com a sujeição dos créditos de seus respectivos representados.

Quanto às negociações no plano de recuperação extrajudicial que digam respeito aos contratos de trabalho em vigor, há muitas possibilidades para o devedor, algumas delas com necessidade de envolver o sindicato e outras que podem ser negociadas diretamente com os trabalhadores. É preciso, somente, respeitar os limites legais e constitucionais que norteiam os contratos de trabalho e seus institutos correlatos.

7. REFERÊNCIAS

BRANCO, Ana Paula Tauceda. *A colisão de princípios constitucionais no direito do trabalho*. São Paulo: LTr, 2007.

BARROS, Alice Monteiro de. *Curso de direito do trabalho*. 4. ed. São Paulo: LTr, 2008.

COELHO, Fábio Ulhôa. *Comentário à nova Lei de Falências e de Recuperação de Empresas*: Lei n. 11.101, de 9-2-2005. 3. ed. São Paulo: Saraiva, 2005.

COUTINHO, Grijalbo Fernandes. *Fragmentos do ativismo da magistratura*. São Paulo: LTr, 2006.

FONSECA, Ricardo Marcelo. A Lei de Terras e o advento da propriedade moderna no Brasil. Anuario Mexicano de Historia del Derecho, v. 17, 200. Disponível em: http://www.juridicas.unam.mx/publica/rev/hisder/cont/17/cnt/cnt5.htm#P25.   Acesso em: 20.10.2009.

MARTINS, Sérgio Pinto. Despedida coletiva. O Estado de S. Paulo, São Paulo, 10.06.2009. Disponível em: http://www.estadao.com.br/estadaodehoje/20090610/not_imp385072,0.php. Acesso em: 12.06.2011.

ROQUE, Sebastião José. Assembleia-geral de credores é ponto crítico da Lei de Recuperação de Empresas. *Boletim Jurídico*. Disponível em: http://www.boletimjuridico.com.br/doutrina/texto.asp?id=1064. Acesso em: 15.06.2010.

RUSSOMANO, Mozart Victor. A ORGANIZAÇÃO SINDICAL E A FUTURA CONSTITUIÇÃO. Versão escrita da conferência proferida, oralmente, em 25 de setembro de 1986, no auditório da Ordem dos Advogados do Brasil – Seção do Distrito Federal, sob o patrocínio do Tribunal Superior do Trabalho, nas comemorações do 40º aniversário da inclusão da Justiça do Trabalho no Poder Judiciário.

RUPRECHT, Alfredo J. Os princípios do direito do trabalho. Trad. Edilson Alkmin Cunha. São Paulo: LTr, 1995.

SOUTO MAIOR, Jorge Luiz; CORREIA, Marcus Orione Gonçalves. *Curso de direito do trabalho*: teoria geral do direito do trabalho. São Paulo: LTr, 2007. v. 1.

SOUZA JÚNIOR, Francisco Satiro; PITOMBO, Antônio Sérgio A. de Moraes (Coord.). *Comentários à Lei de Recuperação de Empresas e Falência*: Lei 11.101/2005 – artigo por artigo. São Paulo: Ed. RT, 2007.

SÜSSEKIND, Arnaldo. *Direito constitucional do trabalho*. 4. ed. (rev. e atual). Rio de Janeiro: Renovar, 2010.

CLASSIFICAÇÃO DOS CRÉDITOS NA FALÊNCIA

Eduardo Foz Mange

Mestre em Direito Comercial. Especialista em Direito Empresarial e Graduado em Direito pela Pontifícia Universidade Católica de São Paulo. Conselheiro e Diretor da Associação dos Advogados de São Paulo-AASP. Advogado, sócio do escritório Mange Advogados Associados.

Art. 83. A classificação dos créditos na falência obedece a seguinte ordem:

Desde a vigência da Lei 11.101/05 (LRF), a classificação do crédito na falência sempre foi matéria complexa. Mesmo passados quase 15 anos ainda há divergência jurisprudencial e doutrinária sobre o tema.

Parte desse problema se deve à sistemática adotada pelo legislador de 2005, que não nos parece ser a mais adequada para tratar do tema. De fato, há diversos artigos esparsos na LRF que tratam do mesmo assunto e impactam na ordem de pagamentos da falência. Não bastava a simples leitura do art. 83 para se entender a correta classificação dos créditos e respectiva ordem de pagamentos na falência.

Assim sendo, a atual reforma efetuada na LRF buscou melhorar sistematização os artigos de modo a tornar mais clara e compreensível a ordem de classificação dos créditos.

Entretanto, para que se possa verificar a ordem geral de pagamentos é necessário primeiro examinar o art. 84, que trata dos créditos extraconcursais, pagos antes dos créditos concursais. A ordem de pagamento dos créditos concursais, por sua vez, está estabelecida no art. 83.

Portanto, na legislação atual, bastará o exame dos arts. 84 e 83 para que se apure a ordem geral de pagamentos da falência.

I – os créditos derivados da legislação trabalhista limitados a cento e cinquenta salários mínimos por credor, e aqueles decorrentes de acidentes de trabalho;

Nesse ponto não houve alteração. Os créditos derivados da legislação trabalhista e os decorrentes de acidente de trabalho continuam sendo os mais privilegiados entre os credores concursais.

Os créditos decorrentes de honorários advocatícios, por terem natureza alimentar foram equiparados aos créditos trabalhistas tanto na falência como da recuperação judicial. A natureza alimentar desse crédito foi reconhecida pela Súmula Vinculante n.º 47 do Supremo Tribunal Federal[1], por julgamento de recurso repetitivo pelo Superior

---

1. "Os honorários advocatícios incluídos na condenação ou destacados do montante principal devido ao credor consubstanciam verba de natureza alimentar cuja satisfação ocorrerá com a expedição de precatório ou requisição de pequeno valor, observada ordem especial restrita aos créditos dessa natureza."

Tribunal de Justiça[2], e finalmente consagrada no texto no art. 85, § 14 do Código de Processo Civil[3].

Está mantido, também, o limite de 150 (cento e cinquenta) salários-mínimos, sendo que o valor que exceder essa quantia será considerado crédito quirografário. Não há dúvida que o valor de 150 salários-mínimos deve ser apurado na data da decretação da falência.

O objetivo do legislador foi proteger os credores trabalhistas titulares de valores menores, evitando que um credor trabalhista de alto valor prejudicasse o pagamento aos demais em razão do rateio proporcional, na hipótese de não haver recursos suficientes.

Atualmente tem se discutido se esse limite se aplicaria também às recuperações judiciais. Considerando o princípio adotado pelo legislador, no sentido de proteger os menores credores, não haveria impedimento em aplicar essa limitação também na recuperação judicial.

O Superior Tribunal de Justiça[4], em julgamento recente autorizou que no plano de recuperação seja estabelecido um limite para o pagamento dos créditos trabalhistas:

> "Assim delimitada a extensão e o propósito da proteção legal conferida ao crédito trabalhista, chega-se à conclusão de que o privilégio conferido aos titulares de créditos trabalhistas encontra limites quantitativos da falência (150 -cento e cinquenta salários mínimos), por expressa determinação legal, e, *possivelmente* na recuperação judicial, caso seja necessário ao soerguimento da empresa em dificuldades financeiras, contando, nessa hipótese, com a aprovação da respectiva classe, segundo o quórum estabelecido em lei.".

Portanto, cada vez mais os planos de recuperação judicial estão estabelecendo limites para o pagamento dos credores trabalhistas, sendo essa uma importante questão as ser enfrentada pela jurisprudência nos próximos anos.

> II – os créditos gravados com direito real de garantia até o limite do valor do bem gravado;

Nesse ponto também não há alteração, em segundo lugar dos credores concursais, estão os créditos garantidos por penhor, anticrese e hipoteca (art. 1.419 do Código Civil). Na prática apenas penhor e hipoteca são comuns, eis que a anticrese é um instituto em desuso.

É importante ressaltar que o crédito é considerando com garantia real apenas até o limite do valor do bem. Assim sendo, na falência, caso o bem seja alienado por valor inferior ao da garantia, o saldo será considerando quirografário.

Também poderá ocorrer a hipótese de não haver recursos para quitação da dívida trabalhista, assim o bem objeto da hipoteca será alienado e o produto dessa alienação utilizado para o pagamento dos trabalhadores. Após a quitação dos credores trabalhistas, se houver recursos, inicia-se o pagamento dos credores com garantia real.

Destaque-se, ainda, que antes dos credores com garantia real, estão todos os créditos extraconcursais, além dos credores trabalhistas, referido no inciso I deste artigo.

---

2. Resp 1.152.218-RS, Corte Especial, Rel. Min. Luis Felipe Salomão, j. 07.05.2014.
3. "Os honorários constituem direito do advogado e têm natureza alimentar, com os mesmos privilégios dos créditos oriundos da legislação do trabalho, sendo vedada a compensação em caso de sucumbência parcial."
4. Resp 1.649.774-SP, 3ª T, Rel. Min. Marco Aurélio Bellizze, j. 12.02.2019.

Portanto, em muito casos o credor com garantia real pode não receber seu crédito, conforme observa Fábio Ulhôa Coelho:

> "Verifica-se quando o produto da venda dos bens foi inteiramente consumido no atendimento dos créditos extraconcursais e dos empregados e equiparados. Quando isso ocorre, em razão da preferência desses beneficiários de pagamento, o crédito com garantia real não é satisfeito."[5]

III – os créditos tributários, independentemente da sua natureza e do tempo de constituição, exceto os créditos extraconcursais e as multas tributárias;

Não houve grandes alterações nesse inciso III. Assim, na falência, o fisco continua em terceiro lugar no ranking de pagamento dos credores concursais.

A única alteração nesse ponto foi para tornar mais claro que os créditos extraconcursais não se enquadram nesse inciso. Ou seja, créditos tributários cujos fatos geradores ocorreram após a decretação da falência, são considerados extraconcursais e serão pagos na forma prevista no art. 84, V da LRF.

IV – (revogado) créditos com privilégio especial, a saber:

a) (revogado) os previstos no art. 964 da Lei nº 10.406, de 10 de janeiro de 2002;

b) (revogado) os assim definidos em outras leis civis e comerciais, salvo disposição em contrário desta Lei;

c) (revogado) aqueles cujos titulares a lei confira o direito de retenção sobre a coisa dada em garantia;

d) (revogado) aqueles em favor dos microempreendedores individuais e das microempresas e empresas de pequeno porte de que trata da Lei Complementar n. 123, de 14 de dezembro de 2006 (Incluído pela Lei Complementar n. 147, de 2014)

V – (revogado) créditos com privilégio geral, a saber:

a) (revogado) os previstos no artigo 965 da Lei n. 10.046, de 10 de janeiro de 2002;

b) (revogado) os previstos no parágrafo único do art. 67 desta Lei;

c) (revogado) os assim definidos em outras leis civis e comerciais, salvo disposição em contrário desta Lei;

Os incisos IV e V que tratavam dos créditos com privilégio geral e especial foram revogados. Dessa forma esses créditos serão pagos em conjunto com os créditos quirografários, conforme veremos do parágrafo 6º abaixo.

Na prática, isso já vinha ocorrendo, pois além de ser incomum, era difícil identificar credores com privilégio especial e geral.

Portanto, aqui, simplifica-se o sistema, tornando mais clara a ordem de pagamentos, o que é benéfico a todos.

VI – os créditos quirografários, a saber;

a) aqueles não previstos nos demais incisos deste artigo;

Nas alíneas do inciso VI não houve alteração. A alínea 'a' trata da regra geral.

Os créditos quirografários são os créditos sem garantia. Nessa categoria geralmente estão os fornecedores de matéria prima, produtos e serviços. Caso um credor financeiro

---

5. COELHO, Fábio Ulhôa. *Comentários à Lei de Falências e de Recuperação de Empresas*. 12. ed. São Paulo: Ed. RT, 2017, p. 313.

tenha realizado mútuo sem qualquer garantia da falida, também está inserido nessa categoria. Destaque-se que, mesmo que determinado contrato seja garantido por terceiros, em relação à falida o credor será considerado quirografário.

   b) os saldos dos créditos não cobertos pelo produto da alienação dos bens vinculados ao seu pagamento; e

Caso as garantias não sejam suficientes para pagar o valor total da dívida, obviamente o eventual saldo remanescente será quirografário. Portanto, na hipótese de determinado bem ofertado em hipoteca, penhor, ou mesmo em alienação/cessão fiduciária não tiver valor suficiente para quitar a dívida, o valor do crédito residual será quirografário, pois sua garantia foi esgotada[6].

   c) Os saldos dos créditos derivados a legislação trabalhista que excederem o limite estabelecido no inciso I do caput deste artigo.

A alínea 'c' classifica como quirografário o valor do crédito trabalhista que exceder os 150 salários-mínimos, sem qualquer alteração relevante aqui. Trata-se apenas da consequência lógica do disposto no inciso I deste artigo, que limita os créditos trabalhistas ao teto de 150 salários-mínimos.

   VII – as multas contratuais e as penas pecuniárias por infração das leis penais ou administrativas, incluídas as multas tributárias;

Os credores mencionados no inciso VII são chamados subquirografários, pois estão logo abaixo dos quirografários, mas antes dos subordinados. Nesta classificação estão as multas por infração das leis penais ou administrativas. Ou seja, aqui se enquadram as multas decorrentes de acordos de leniência, as multas impostas pelas agências reguladoras e as multas decorrentes do não pagamento de tributos.

   VIII – os créditos subordinados, a saber:
   a) os previstos em lei ou em contrato; e
   b) os créditos dos sócios de dos administradores sem vínculo empregatício cuja contratação não tenha observado as condições estritamente comutativas e as práticas de mercado; e

Quanto aos créditos subordinados não houve mudança na alínea 'a' acima.

Na alínea 'b' foi incluída a parte final *"cuja contratação não tenha observado as condições estritamente comutativas e as práticas de mercado;"* Portanto, agora, o crédito dos sócios e dos administradores sem vínculo empregatício, mas contratados em estrita observância às condições recíprocas, equivalentes e de acordo com a prática de mercado, é considerado quirografário. Apenas na hipótese dessas condições não terem sido observadas no momento da contratação, é que o crédito do administrador será considerado subordinado.

Entendemos que se trata de uma melhora muito tímida, pois ao relegar o crédito do sócio para a condição de subordinado a lei desestimula que o sócio aporte seu patrimônio pessoal para auxiliar a sanar a crise financeira da empresa.

---

   6. Exceto nas hipóteses previstas no art. 27, § 5º, da Lei 9.514-97.

Efetivamente, o sócio que aporta capital próprio na empresa em crise é um credor como outro qualquer de deveria ter tratamento equitativo, ressalvado apenas o impedimento do direito de voto, nos termos no art. 43 da LRF.

> IX – juros vencidos após a decretação da falência, conforme previsto no art. 124 desta Lei.

Esse inciso também foi incluído no artigo 83 para dar mais clareza. Entretanto, a sistemática continua a mesma. Os juros somente serão pagos se as forças da massa permitirem. Assim sendo, somente após a quitação dos credores subordinados é que serão pagos juros, se houver recursos, observada a mesma ordem de classificação.

Portanto, os juros vencidos após a decretação da falência não deverão integrar o quadro de credores. Apenas na hipótese de haver recursos suficientes, após o pagamento de todos relacionados no quadro geral de credores, é que se deve apurar os juros vencidos após a decretação da falência.

> §4º (revogado) Os créditos trabalhistas cedidos a terceiros serão considerados quirografários.

> §5º Para fins do disposto nesta Lei, os créditos cedidos a qualquer título manterão sua natureza e classificação.

Essa é uma grande novidade decorrente dessa alteração legislativa. Na sistemática anterior, o crédito trabalhista cedido a terceiro perdia essa natureza. Essa havia sido uma opção com o intuito de proteger o credor trabalhista evitando-se a compra desse tipo de crédito com eventuais deságios.

Entretanto, essa opção impediu que se criasse um mercado secundário de compra de créditos, como ocorre com os créditos com garantia real e quirografários. Esse mercado é bastante desenvolvido em países como Estados Unidos, por exemplo, e tem crescido no Brasil.

Entendemos que impedir soluções de mercado não deve ser o objetivo do legislador. A alteração permitirá que haja um mercado de compra de créditos trabalhistas, o que pode beneficiar o próprio credor que desejar não esperar e não correr o risco do pagamento do seu crédito. Nessas situações o credor trabalhista poderá ceder o seu crédito pelo valor que entender conveniente e o cedente receberá nas mesmas condições dos demais créditos trabalhistas.

Efetivamente, com um mercado de compra de créditos trabalhistas desenvolvido, as falências poderão ser mais céleres, em razão no menor número de credores por cabeça envolvidos.

De qualquer forma, eventuais abusos podem e devem ser coibidos.

> § 6º Para os fins do disposto nesta Lei, os créditos que disponham de privilégio especial ou geral em outras normas integrarão a classe dos credores quirografários;

O parágrafo 6º acima é mais um dispositivo muito bem-vindo e que ajuda a simplificar o sistema de classificação dos créditos. Antes dessa alteração os créditos com privilégio especial e geral estavam acima dos quirografários. Entretanto, apesar que raros os casos, era enorme a dificuldade dos operadores do direito em separar o que de fato era privilégio especial e privilégio geral. Tanto que que geralmente esse tipo de crédito acabava sendo equiparado ao quirografário.

Portanto, essa alteração decorre da identificação dessa dificuldade e da prática acima mencionada, simplificando a legislação.

(...)
Art. 84. Serão considerados créditos extraconcursais e serão pagos com precedência sobre os mencionados no art. 83 desta Lei, na ordem a seguir, aqueles relativos:

De fato, os créditos extraconcursais, não estão sujeitos aos concurso de credores estabelecido no art. 83 da LRF, e, portanto, são pagos antes.

Entretanto, há diversos créditos que a LRF considera extraconcursais, razão pela qual o próprio art. 84 regula a ordem de pagamento desse tipo de credor.

Assim sendo, somente após o pagamento dos credores extraconcursais estabelecidos no art. 84 é que se inicia o pagamento dos credores concursais, na forma do art. 83 da LRF.

De fato, a alteração legislativa em comento ampliou os créditos que podem ser classificados como extraconcursais ao incluir aqui os créditos referentes aos empréstimos contraídos durante a recuperação judicial e determinados créditos de titularidade das Fazendas Públicas referentes ao inadimplemento de tributos retidos na fonte, descontos de terceiros ou sub-rogação e valores recebidos pelos agentes arrecadadores e não repassados aos cofres públicos. Ou seja, são casos em que a sociedade falida seria a responsável tributária, embora não fosse ela propriamente a contribuinte.

A consequência lógica da ampliação dos créditos classificados como extraconcursais é que, na falência, há mais credores a serem pagos, antes dos credores concursais. Portanto, considerando que a atual redação do art. 84 estabelece uma ordem de pagamento com nove categorias de credores extraconcursais, o primeiro credor concursal (créditos derivados da legislação trabalhista até 150 salários-mínimos) será o décimo na ordem geral de pagamentos. Os credores com garantia real estão em décimo-primeiro lugar, os tributos gerais em décimo-segundo os credores quirografários em décimo terceiro e assim por diante.

I-A – às quantias referidas nos art. 150 e 151 desta Lei;

Esse inciso primeiro também foi trazido para o art. 84 com o objetivo de facilitar a análise e compreensão da Lei. Assim todos os créditos extraconcursais são mencionados no art. 84, facilitando o trabalho do leitor.

Além disso, não haverá mais dúvidas a respeito da ordem de pagamento das despesas indispensáveis à administração da falência (art. 150) e, principalmente, dos créditos trabalhistas de natureza estritamente salarial vencidos nos três meses anteriores à decretação da falência (art. 151). Na sistemática anterior, havia dúvida se estes créditos seriam pagos imediatamente ou somente após o pagamento dos extraconcursais.

Agora não há mais dúvida, os créditos previstos no art. 150 e 151 são os primeiros da fila dos extraconcursais, ou seja, são créditos super prioritários.

I-B – ao valor efetivamente entregue ao devedor em recuperação judicial pelo financiador, em conformidade com o disposto na Seção IV-A desta Lei;

O inciso I-B é uma novidade importante nessa alteração legislativa e faz referência aos arts. 69-A até 69-F, também incluídos agora na LRF, como Seção IV-A. De fato, muitas empresas em recuperação judicial necessitam de novos financiamentos para que possam se recuperar. É o chamado "dinheiro novo" sem o qual muitas vezes é impossível o soerguimento da atividade produtiva.

A nova sistemática, mais transparente, será examinada nos artigos específicos sobre esse tema, mas será possível conceder garantias para novos empréstimos por meio da oneração ou alienação fiduciária de bens ou direitos, nos moldes do *DIP financing (debtor-in-possession)* do direito norte-americano. Por este sistema, a empresa devedora continua na posse e na administração dos bens que garantem o novo financiamento.

Para fins de ordem de pagamento, o importante é destacar que esse tipo de credor será considerado extraconcursal.

Portanto, há um incentivo para que as empresas em recuperação possam buscar novas formas de financiamento, visando o soerguimento de sua atividade, trazendo, por outro lado, mais segurança jurídica aos financiadores, estabelecendo-se prioridade no pagamento desse tipo de empréstimo.

I-C – aos créditos em dinheiro objeto de restituição conforme previsto no art. 86 desta Lei.

Adotando a premissa de facilitar a compreensão da ordem de pagamentos na falência, esse inciso foi incluído para deixar claro a ordem de pagamento das restituições em dinheiro, entre os créditos extraconcursais.

Assim sendo, as restituições em dinheiro estão em quinto lugar na ordem de pagamento dos créditos extraconcursais.

O valor da restituição deverá ser acrescido de correção monetária, conforme Súmula 36 do STJ[7]. Entretanto, os acessórios são considerados créditos concursais e sujeitos aos efeitos da Recuperação Judicial, conforme ensinam João Pedro Scalzilli, Luiz Felipe Spinelli e Rodrigo Tellechea[8].

I-D – às remunerações devidas ao administrador judicial e aos seus auxiliares, aos reembolsos devidos a membros do Comitê de Credores, e aos créditos derivados da legislação trabalhista ou decorrentes de acidente do trabalho relativos a serviços prestados após a decretação da falência;

Anteriormente esse era o inciso I do art. 84. Na atual redação do inciso, a novidade está na inclusão dos reembolsos devidos aos membros do Comitê de Credores, embora sejam poucas as recuperações judiciais e falências com Comitê de Credores instalado e ativo.

---

7. Súmula 36 do STJ: "A correção monetária integra o valor da restituição, em caso de adiantamento de contrato de câmbio, requerida em concordata ou falência."
8. SCALZILLI, João Pedro; SPINELLI, Luis Felipe; e TELLECHEA, Rodrigo. *Recuperação de Empresas e Falência: Teoria e Prática na Lei 11.1101/2005.* São Paulo: Almedina, 2016, p. 667.

Entretanto, a alteração mais relevante do inciso é o deslocamento da remuneração do administrador judicial do primeiro para o sexto lugar na ordem de pagamento dos créditos extraconcursais. Isso porque os créditos trabalhistas também tratados neste inciso são apenas os decorrentes de serviços ou acidentes de trabalho ocorridos após a decretação da falência, o que costuma ser raro.

Contudo, o deslocamento da remuneração do administrador judicial para o sexto lugar na ordem dos extraconcursais pode ter impactos relevantes na administração das falências. Nos casos em que os recursos da massa falida forem integralmente consumidos para os pagamentos dos credores mencionados nos incisos I-A a I-C deste artigo, o administrador não receberá remuneração. Nessas hipóteses, será árdua a tarefa do juiz em encontrar um administrador judicial que aceite trabalhar sob grande responsabilidade, mas sem receber qualquer remuneração.

Ficaram também igualmente prejudicados, os prestadores de serviço para massa falida como, por exemplo, depositários, peritos e advogados. Esses profissionais também foram deslocados para o sexto lugar na ordem de pagamento dos créditos extraconcursais, portanto, com maior risco de nada receberem pelos serviços prestados.

> I-E – às obrigações resultantes de atos jurídicos válidos praticados durante a recuperação judicial, nos termos do art. 67 desta Lei, ou após a decretação da falência e aos tributos relativos a fatos geradores ocorridos após a decretação da falência, respeitada a ordem estabelecida no art. 83 desta Lei.

Este inciso I-E foi renumerado, com pequena alteração de redação. Trata-se da extraconcursalidade dos credores constituídos após o ajuizamento da recuperação judicial. São credores extraconcursais, pois não se sujeitam aos efeitos da recuperação judicial.

Efetivamente, a recuperação judicial abrange dos créditos existentes na data do pedido (art. 49). Nesse sentido, o art. 67 estabelece que as obrigações contraídas após o ajuizamento da recuperação judicial são consideradas extraconcursais, respeitada a ordem estabelecida no art. 83.

Portanto, em harmonia com os artigos 49 e 67, este inciso torna claro a extraconcursalidade dos créditos concedidos após a recuperação judicial ou contraídos pela massa falida após a decretação da falência.

Destaque-se apenas que a redação anterior mencionava expressamente os tributos com fatos geradores ocorridos após a decretação da falência. Entretanto, esses créditos tributários passaram para o inciso V e, consequentemente, em nono lugar na ordem de pagamento dos créditos extraconcursais.

> II – às quantias fornecidas à massa falida pelos credores;

Nesse ponto, houve apenas um pequeno ajuste de redação para mencionar massa falida ao invés de apenas massa. De qualquer forma, a situação tratada neste inciso é incomum, pois raramente algum credor se dispõe a fornecer recursos para que a massa falida possa praticar os atos necessários como arrecadação, guarda de bens, contratação de advogados, contadores etc.

Entretanto, caso algum credor forneça recurso à massa falida, ele será o sexto na ordem de pagamento dos créditos extraconcursais.

III – às despesas com arrecadação, administração, realização do ativo, distribuição de seu produto e custas do processo de falência;

Os créditos tratados neste inciso passaram do terceiro para o sétimo lugar entre os créditos extraconcursais. Aqui, mais uma vez quem perde é o administrador judicial com eventuais consequências para a administração da falência.

Não é raro que o administrador judicial utilize seus próprios recursos financeiros para possibilitar a arrecadação dos bens da falência. Entretanto, nessa hipótese ele será o sétimo a receber entre os extraconcursais, o que poderá ser um desestímulo à rápida e eficaz arrecadação dos bens.

IV – às custas judiciais relativas às ações e às execuções em que a massa falida tenha sido vencida;

Os créditos objeto deste inciso também foram apenas deslocados para o oitavo lugar na ordem de pagamento dos extraconcursais, sem alteração na sua redação.

Apenas ficou mantida a lógica, em decorrência das custas em que a massa falida for vencida serem, obviamente, créditos posteriores a decretação da falência e, portanto, de natureza extraconcursal, conforme anota Manoel Justino Bezerra Filho[9].

V – aos tributos relativos a fatos geradores ocorridos após a decretação da falência, respeitada a ordem estabelecida no art. 83 desta Lei.

Os tributos relativos a fatos geradores ocorridos após a decretação da falência também foram deslocados do quinto para o novo lugar na ordem de pagamento dos créditos extraconcursais.

Art. 85. O proprietário de bem arrecadado no processo de falência ou que se encontre em poder do devedor na data de decretação da falência poderá pedir sua restituição.

Parágrafo único. Também poderá ser pedida a restituição de coisa vendida a crédito e entregue ao devedor nos 15 (quinze) dias anteriores ao requerimento de sua falência, se ainda não alienada.

Não há qualquer alteração no art. 85, ficando mantida a sistemática da restituição estabelecida na LRF.

O pedido de restituição é cabível apenas na falência quando o bem de terceiro for arrecadado ou estiver em poder da sociedade falida na data da sua decretação. Isso ocorre pois é dever do administrador judicial arrecadar todos os bens que encontrar no estabelecimento comercial do falido, indistintamente para evitar qualquer tipo de fraude.

O parágrafo único do referido inciso, também traz situação rara, mas que visa coibir fraudes. O dispositivo também autoriza a restituição do bem adquirido pela falida a crédito e entregue nos 15 dias anteriores ao ajuizamento de pedido de falência, desde que não tenha sido alienado.

Art. 86. Proceder-se-á à restituição em dinheiro:

---

9. BEZERRA FILHO, Manoel Justino. *Lei de Recuperação de Empresas e Falência*. 7. ed. São Paulo: Ed. RT, 2011, p. 206.

> I – se a coisa não mais existir ao tempo do pedido de restituição, hipótese em que o requerente receberá o valor da avaliação do bem, ou, no caso de ter ocorrido a sua venda, o respectivo preço, em ambos os casos no valor atualizado.

A redação deste inciso não foi alterada, permanecendo a regra da restituição paga em dinheiro, pelo valor da avaliação, caso o bem não exista mais no momento do ajuizamento do pedido restituição, pois o bem pode se deteriorar, se perder, se tratar de bem perecível etc.

Na hipótese do bem ter sido alienado pela massa falida, a restituição em dinheiro será pelo valor de venda do bem.

> II – da importância entregue ao devedor, em moeda corrente nacional, decorrente de adiantamento a contrato de câmbio para exportação, na forma do art. 75, §§ 3º e 4º, da Lei nº 4.728, de 14 de julho de 1965, desde que o prazo total da operação, inclusive eventuais prorrogações, não exceda o previsto nas normas específicas da autoridade competente.

Neste inciso também não houve alteração. Trata-se do pedido de restituição decorrente do Adiantamento de Contrato de Câmbio para Exportação (ACC). Para estimular as exportações é permitido que o empresário nacional que tenha celebrado contrato de exportação utilize essa linha de crédito conhecida como ACC para financiar a produção da mercadoria a ser exportada. Assim ao receber o pagamento pela exportação em moeda estrangeira o produtor nacional liquida a operação.

Entretanto, na hipótese de o produtor ter sua falência decretada antes de concluir o processo de exportação a legislação estabeleceu que o crédito da instituição financeira que concedeu o ACC poderá ser objeto de pedido de restituição, entretanto a restituição fica limita ao valor do adiantamento. Conforme já mencionado, os acessórios são considerados créditos concursais.

Trata-se de política de incentivo ao financiamento para exportações, razão pela qual atribuiu-se a esse credor a condição de extraconcursal, devendo ser pago em quinto lugar, conforme art. 84, inciso V da LRF.

> III – dos valores entregues ao devedor pelo contratante de boa-fé na hipótese de revogação ou ineficácia do contrato conforme o disposto no art. 136 desta Lei.

Também não houve alteração nesse ponto, continuando vigente a possibilidade de restituição na hipótese de determinado negócio jurídico ser declarado ineficaz na falência ou revogado por meio de ação revocatória. Entretanto, para fazer jus ao pedido de restituição o terceiro deverá demonstrar que agiu de boa-fé.

Entretanto, Marcelo Sacramone destaca que como a ação revocatória tem como requisito a demonstração de que o terceiro estava de má-fé, não caberá a esse terceiro a restituição de coisas ou valores entregues à falida[10].

> IV – as Fazendas Públicas, relativamente a tributos passíveis de retenção na fonte, descontos de terceiro ou sub-rogação, e a valores recebidos pelos agentes arrecadadores e não recolhidos aos cofres públicos.

---

10. SACRAMONE, Marcelo Barbosa. *Comentários à Lei de Recuperação de Empresas e Falência*. São Paulo: Saraiva, 2018, p. 348.

Este inciso IV foi incluído no rol do art. 86 para autorizar o pedido de restituição formulados pelas Fazendas Públicas.

Nos casos específicos elencados no inciso, em que a falida era o responsável tributário, as Fazendas Públicas poderão pedir restituição, caso não haja do recolhimento do tributo.

De fato, o maior impacto aqui será sobre a folha de pagamento e os tributos pagos pelos empregados, mas que são retidos na fonte pelo empregador.

Assim sendo, caso o empregador tenha a falência decretada e não tenha recolhido os tributos retidos na fonte, poderá haver o pedido de restituição desses valores.

Essa alteração coloca esses créditos fiscais em quinto lugar na ordem de pagamento dos credores extraconcursais.

> Parágrafo único. As restituições de que trata este artigo somente serão efetuadas após o pagamento previsto no art. 151 desta Lei.

O parágrafo único acima não foi alterado, mas perdeu parte da sua importância. Antes da alteração da LRF ele era relevante, pois a ordem de pagamento dos créditos extraconcursais não era clara.

No entanto, agora, o art. 84 elenca todos os créditos extraconcursais e torna clara a ordem em que deverão ser pagos.

REALIZAÇÃO EXTRAORDINÁRIA DO ATIVO NA FALÊNCIA: COMENTÁRIOS ÀS ALTERAÇÕES AO ARTIGO 145 IMPLEMENTADAS PELA LEI 14.112/2020

João Carlos Silveira
Advogado e sócio do escritório Prestes e Silveira Advogados Associados.

Vânio Cesar Pickler Aguiar
Administrador de empresas, contador e sócio da ADJUD Administradores Judiciais.

Sumário: 1. Introdução. 2. A nova redação do artigo 145. 3. Falência. 4. Realização ordinária de ativos. 5. Realização extraordinária de ativos (art. 145). 6. Quórum para aprovação. 7. O princípio majoritário no direito geral e na falência. 8. Casos concretos. 9. Conclusão.

1. INTRODUÇÃO

O artigo 145 da Lei 11.101/05, aplicado exclusivamente no processo falimentar, o que afasta o seu uso no processo de recuperação judicial, regulamenta a forma extraordinária de realização de ativo. Pelo referido artigo é facultado aos credores habilitados na falência aprovarem em assembleia qualquer outra modalidade de realização do ativo, além daquelas previstas no artigo 142 da mesma lei.

Das modalidades possíveis, a que destacou o maior interesse nesse período de vigência da Lei 11.101/05 é a constituição de uma sociedade de credores.

Quando se diz que a constituição de sociedade é uma forma extraordinária de realização de ativo não se está revelando todo o efeito desta atividade. Omite-se, ao falar somente de realização do ativo, que a constituição de sociedade será também forma de pagamento.

É usual no processo falimentar que os credores recebam os seus créditos em dinheiro. Quando o pagamento é feito desta forma, pouco relevo terá saber se o dinheiro apurado veio de uma liquidação de ativos ordinária, ou por realização extraordinária. A dúvida surge quando o credor, como forma de pagamento, recebe qualquer outro bem que não seja a moeda corrente.

A constituição de sociedade pelos credores encerra, além da realização do ativo, um meio de substituir o pagamento do crédito habilitado.

O que se dá na constituição da sociedade de credores também se aplica às hipóteses em que se tem uma aliança entre várias pessoas, como ocorre no condomínio, e, também, na vinculação a um fundo de investimento ou a uma sociedade de credores.

Tanto na forma de uma pessoa jurídica, quanto no formato simplificado de um condomínio ou de adesão a um fundo, ao sair do processo falimentar, o credor acabará entrando para um novo regramento distante em tudo do processo judicial, inclusive, sujeito ao custeio de uma gestão privada e, sem dúvida, a possíveis aportes por sucumbências inesperadas.

2. A NOVA REDAÇÃO DO ARTIGO 145

A Lei 14.112/2020 trouxe uma nova redação do artigo 145 da Lei 11.101/05 nos seguintes termos:

> "Art. 145. Por deliberação tomada nos termos do art. 42 desta Lei, os credores poderão adjudicar os bens alienados na falência ou adquiri-los por meio de constituição de sociedade, de fundo ou de outro veículo de investimento, com a participação, se necessária, dos atuais sócios do devedor ou de terceiros, ou mediante conversão de dívida em capital.
>
> § 1º Aplica-se irrestritamente o disposto no art. 141 desta Lei à transferência dos bens à sociedade, ao fundo ou ao veículo de investimento mencionados no caput deste artigo.
>
> § 2º (Revogado).
>
> § 3º (Revogado).
>
> § 4º Será considerada não escrita qualquer restrição convencional à venda ou à circulação das participações na sociedade, no fundo de investimento ou no veículo de investimento a que se refere o caput deste artigo.

As principais alterações neste artigo se referem a:

(i) adjudicação dos bens alienados; ampliação da forma de aquisição, não só por meio de constituição de sociedade, mas também por fundo ou outro veículo de investimento;

(ii) conversão de dívida em capital;

(iii) aplicação irrestrita do art. 141 às alienações do art. 145; e

(iv) livre circulação das participações e cotas recebidas;

A Lei 14.112/2020 acrescenta ao mencionado artigo, além da hipótese de adjudicação dos bens alienados na falência pelos credores, a criação de fundo ou outro veículo de investimento, contando com a participação dos sócios do devedor, se necessário.

Foi mantida a redação do artigo 42, que estabelece o quórum para votações e deliberações no âmbito da assembleia-geral de credores (AGC), que não aquelas relacionadas à aprovação do plano de recuperação judicial, conservando assim, uma aparente contradição com a redação do artigo 46 da mesma lei, que exige o voto favorável de credores que representem 2/3 (dois terços) dos créditos presentes à assembleia.

Outra inovação que, na verdade, não é algo que já não estivesse incluído na ordem geral dos direitos privados, é a garantia de livre circulação de eventuais bens recebidos em substituição ao pagamento em dinheiro.

3. FALÊNCIA

A falência, tal como vista no passado, era um procedimento essencialmente liquidatório. A satisfação dos interesses dos credores no recebimento dos seus créditos concentrava-se na realização de bens do devedor, pouco se importando com a realocação da utilização produtiva dos bens. Também mantinha a lei anterior os antigos estigmas a respeito do falido. Era ele, antes de qualquer coisa, alvo de punição, pressupondo-se que o falido sempre era desonesto. A Lei 11.101/05 iniciou uma nova etapa na qual o mesmo procedimento de realização de ativos ganhou celeridade, especialmente com a possibilidade de licitação dos bens no momento da arrecadação (artigo 108 e seguintes).

Também foi dada oportunidade para a valorização da assembleia de credores, estabelecendo quórum (reduzido em relação a lei anterior), para a aprovação da realização extraordinária de ativos. Além disso, na Lei 11.101/05 houve evolução no sentido de ver a ineficiência do falido como algo que não impeça o aproveitamento de sua atividade produtiva.

4. REALIZAÇÃO ORDINÁRIA DE ATIVOS

As alterações contidas na Lei 14.112/2020 trazem ao ordenamento jurídico importantes inovações advindas da experiência prática nestes 15 anos de vigência da Lei 11.101/2005, positivando temas para evitar discussão judicial que não favoreça a maximização dos ativos.

Inicialmente, o acréscimo da possibilidade de compartilhamento de custos operacionais entre massas falidas durante o curso do procedimento de alienação de bens é medida que certamente irá ajudar o trabalho de administradores judiciais, além de proporcionar uma redução dos custos. A onerosidade com a guarda e a manutenção dos bens, se puder ser compartilhada entre várias massas falidas, por certo, resultará em vantagens para os credores.

Na sequência, ao tratar das modalidades de alienação, mantém-se como principal o leilão, doravante, com a expressa indicação do leilão eletrônico, que tem sido a modalidade mais utilizada nos processos de recuperação judicial e falência, por ser uma plataforma mais transparente e de maior alcance aos potenciais compradores, ainda que estejam fora do país.

Pela proposta aprovada, permitir-se-á a realização de ativos independentemente da conjuntura do mercado ser ou não favorável no momento da venda, providência que deixa claro o propósito de transformar a falência em um processo mais célere.

Outras importantes inovações trazidas pela nova legislação aprovada dizem respeito a questões afetas à avaliação dos ativos e de toda a discussão que se segue a respeito do preço vil. Nesse caso, pretende-se a mitigação destas alegações, que tanto postergam a licitação dos ativos.

Estabelece-se, por exemplo, a realização de uma terceira chamada em um leilão judicial, partindo-se do pressuposto que as duas primeiras foram infrutíferas, permitindo a alienação, nesta ocasião, por qualquer preço. Sem deixar de se utilizar da figura do lance condicional, principalmente para itens de reduzido interesse ou baixo valor.

Ademais, inova-se também quando se fala da possibilidade de impugnação ao valor de venda do bem no âmbito de um processo falimentar ou de recuperação judicial.

Pela nova lei, as impugnações baseadas no valor de venda do bem só serão recebidas se acompanhadas de oferta firme, do impugnante ou do terceiro, para aquisição do bem, respeitados os termos do edital, por valor presente superior ao valor de venda e de depósito caucionário equivalente a dez por cento do valor oferecido (redação do §1º do artigo 143).

Tais impugnações, acompanhadas de proposta de aquisição, irão vincular o impugnante ou terceiro como se arrematantes fossem, e, havendo mais de uma impugnação baseada no valor de venda do bem, somente terá prosseguimento aquela que tiver o maior valor presente entre elas, em que o prazo de pagamento deveria ter peso relevante na aprovação.

Outra inovação trazida é a possibilidade de aplicação de sanção por ato atentatório à dignidade da justiça. Serão imputados ao licitante a reparação dos prejuízos causados e as penas previstas no Código de Processo Civil para comportamentos análogos, caso a suscitação de vício na alienação pelo impugnante seja infundada.

Como se vê, há uma clara direção seguida pelo legislador no sentido de impedir que discussões desnecessárias tornem o processo de realização de ativos menos célere e improdutivo, muitas vezes reduzindo o valor dos bens arrecadados.

5. REALIZAÇÃO EXTRAORDINÁRIA DE ATIVOS (ART. 145)

Pelo teor da nova redação do artigo 145, por deliberação tomada em assembleia, os credores poderão adjudicar os bens alienados na falência ou adquiri-los por meio de constituição de sociedade, fundo, outro veículo de investimento, com a participação, se necessária, dos atuais sócios do devedor ou de terceiros ou conversão de dívida em capital.

Embora não haja na lei referência sobre a forma de aplicar a adjudicação, pode-se inferir que se trata da hipótese em que credores optem pela liquidação de seus créditos, fazendo uso da faculdade de apropriar-se do bem.

Ademais, estende-se a essa modalidade de realização do ativo a não sucessão dos débitos, principalmente trabalhistas e tributários, tema espinhoso e que, uma vez mais, pode enfrentar resistência principalmente das Procuradorias da Fazenda no âmbito Federal, Estadual e mesmo Municipal.

Importante registrar, também, que se busca assegurar aos credores da sociedade ou fundo de investimento, a transferência dos direitos, na medida em que estabelece que será considerada não escrita qualquer restrição convencional à venda ou circulação das participações na sociedade ou fundo de investimento a que se refere a modalidade alternativa.

A lei aprovada não trata da compulsoriedade dos credores divergentes à sociedade ou fundo criado alternativamente, após votação em assembleia geral, mas faz importante registro de assegurar aos credores minoritários a ampla possibilidade de alienarem o bem recebido.

6. QUÓRUM PARA APROVAÇÃO

O poder de deliberação quanto à forma de realização alternativa do ativo cabe aos credores. A convocação da assembleia-geral de credores para decisão quanto à forma alternativa de realização do ativo poderá ser realizada de ofício pelo juiz (art. 99, XII), ou a requerimento dos credores que representem, no mínimo, 25% do valor dos créditos de cada classe (art. 36, §2), pelo Comitê de Credores (art. 27, I, e), ou por iniciativa do próprio Administrador Judicial (art. 22, I, g).

Para aprovação de formas alternativas de realização do ativo na falência, é necessário anuência de credores que representem no mínimo 2/3 dos créditos presentes à assembleia (art. 46), independente de classes, computando-se os votos proporcionalmente ao valor do crédito. Assim, verifica-se que o quórum qualificado exigido para aprovação no conclave tem como base o total de créditos presentes à assembleia e não o total do passivo.

Embora pareça muito claro o dispositivo legal, dúvidas podem existir com a maneira de se computar o total dos créditos presentes. A controvérsia cinge-se unicamente no tratamento da abstenção do voto dos credores na assembleia geral de credores. Não se tem notícias a respeito da análise dessa questão em deliberações envolvendo a realização alternativa do ativo. Entretanto, para grande parte da doutrina e jurisprudência[1], em casos envolvendo recuperações judiciais, a abstenção tem sido tratada como um voto neutro "em branco", cujo crédito não deve ser computado para fins do quórum de deliberação previsto na legislação.

Nesse sentido, podemos citar o processo de falência do Banco Santos (Incidente de 0045770-22.2014.8.26.0100 – fls. 2.640/2.648), em que assim se pronunciou o juízo ao tratar deste tema:

> *"Quanto ao quórum de aprovação desta proposta de condomínio entre credores quirografários, está previsto no art. 46 da Lei 11.101/2005: 2/3 dos créditos presentes à assembleia, não computados os credores abstinentes.*
>
> *Na lição de Miranda Valverde, comentando a revogada lei de sociedades por ações, "a lei pune, entretanto, o indiferentismo, mandando excluir do cálculo para a apuração da maioria os votos em branco. E com tais há de considerar não só aqueles que nada exprimem, senão ainda aquelas manifestações dos acionistas, que não tenham relação com o objeto ou a matéria submetida a votação. É claro que também não serão levados em conta os votos que de que dispunham os acionistas, que se abstiverem de votar ou estavam impedidos de exercer o direito de voto, como os diretores e fiscais, na votação das suas contas e pareceres (ast. 100). A soma dos votos reais –e, pois, o número que servirá de base para o*

---

1. TJSP – AI: 429.622-4/5-02, Câmara Reservada à Falência e Recuperação, Rel. Des. Pereira Calças, Data de Julgamento: 30.08.2006; TJSP – AI: 450.859.4/1-00, Câmara Reservada à Falência e Recuperação, Rel. Des. Pereira Calças, Data de Julgamento: 17/01/2007; TJSP – AI: 0372448-49.2010.8.26.0000, Câmara Reservada à Falência e Recuperação, Rel. Des. Pereira Calças, Data de Julgamento: 1º/02/2011; TJSP – AI: 0526210-85.2010.8.26.0000, Câmara Reservada à Falência e Recuperação, Rel. Des. Eliot Akel, Data de Julgamento: 17.05.2011; TJMG – AI: 10024113438121012, 4ª Câmara Cível, Relator: Des. Heloisa Combat, Data de Julgamento: 04/07/2013, Data de Publicação: 10.07.2013; TJGO – AI: 5165159.88.2017.8.09.0000, 3ª Câmara Civil, Relator: Des. Itamar de Lima, Data de Julgamento: 10.10.2017, Data de Publicação: 31.10.2017.

cálculo da maioria absoluta." (Comentários ao decreto-lei 2.627, de 26 de setembro de 1940, v. II, arts. 74 a 136, 3. edição-1959, p. 112-117).

A minoria dissidente deve se sujeitar à deliberação da maioria, pois os credores, na falência, formam uma comunhão de interesses, que consiste na melhor satisfação de seus créditos."

Com relação a esse assunto, nos parece mais correto o entendimento do magistrado Dr. Maurício Cavallazzi Povoas [2]. Para o Magistrado, não houve omissão do legislador ao não regular os casos de abstenções, sendo a lei bastante clara quanto ao quórum necessário para aprovação em assembleia.

Realizando um paralelo com o artigo 60, §2º CF, o magistrado ressalta que pela intepretação literal do dispositivo constitucional, alcançando 3/5 dos votos dos congressistas, em cada uma de suas respectivas Casas a emenda constitucional é aprovada, pouco importando se o restante dos votos é pela rejeição da emenda ou pela abstenção de votos, pois o que aprova a emenda são os votos a favor.

Segundo ele, as abstenções não podem ser retiradas do cálculo do quórum, não podendo dar tratamento igualitário a quem não comparece à assembleia sequer para participar, com aquele que comparece, ouve os debates e ao final, opta deliberadamente por não votar.

Pela sistemática introduzida pelo regramento com a inclusão do parágrafo 3º do art. 45-A, tem-se que: *"As deliberações sobre a forma alternativa de realização do ativo na falência, nos termos do art. 145 desta Lei, poderão ser substituídas por documento que comprove a adesão de credores que representem dois terços dos créditos."*

Nesse caso, verifica-se a preocupação do legislador em desburocratizar a possibilidade de implementação de uma proposta de realização alternativa de ativos, permitindo que isso se concretize sem a necessidade de realização de uma assembleia, subsistindo, contudo, a apuração do mesmo quórum qualificado, que certamente irá enfrentar as questões relacionadas à apuração daqueles que não se manifestarem.

7. O PRINCÍPIO MAJORITÁRIO NO DIREITO GERAL E NA FALÊNCIA

Não é só o funcionamento da sociedade por ações que sofre a influência do princípio majoritário. A fórmula encontrada pelo direito para tomada de deliberação, sempre que houver necessidade de se buscar a vontade de uma coletividade de sujeitos de direito, foi criar uma exceção à regra do livre consentimento, para adotar o entendimento da maioria.

Quando várias pessoas participam de um mesmo ato, cada qual expressando a sua vontade, raramente se verifica uma unanimidade. Podem as pessoas apresentar o mesmo interesse, mas uniformidade na vontade individual dificilmente acontece. Assim, quando se está diante de um ato coletivo como é a deliberação em uma assembleia, a formação da vontade segue o voto preponderante, de modo a transformar as várias vontades em uma declaração única. De acordo com a lição de Miranda Valverde:

---

2. TJSC – Autos 0046851-57.2011.8.24.0038, 5 Vara Cível de Joinville/SC, Ação: Recuperação Judicial e Falência, Autor: Busscar Ônibus S/A. e Outros.

"Vige nas assembleias gerais das sociedades por ações o princípio majoritário que domina nas organizações colegiais ou nas reuniões deliberativas, porque seria impraticável a exigência da unanimidade, da concordância, enfim, de todos os membros, para que uma corporação pudesse tomar deliberação de interesse geral. O direito havia de procurar uma fórmula que solucionasse as divergências e garantisse a coletividade da pessoa jurídica".[3]

Obviamente, tanto o princípio majoritário quanto o resultado na própria assembleia, não podem ser vistos como algo ilimitado e absoluto. Carnelutti, citado por Carlos Augusto da Silveira Lobo salienta: *"o domínio da maioria é um instrumento jurídico indispensável para a vida das sociedades"* para depois ressalvar: *"mas, como ocorre com todas as coisas, pode servir para o bem ou para o mal. Uma legislação e uma jurisprudência sábias deverão encontrar um remédio, enérgico e cauteloso ao mesmo tempo, que lhe impeça de fazer o mal e lhe permita fazer o bem"*. Não é por outro motivo que o ilustre advogado citado, no mesmo artigo refere-se aos *"pesos e contrapesos"* do princípio majoritário, deixando saliente a necessidade de coibir excessos, asseverando que: *"A submissão dos minoritários às deliberações dos majoritários só encontra justificação se aos minoritários forem assegurados os direitos e garantias condizentes com sua condição de sócios."*

A Lei 11.101/05, além de outras características e inovações em relação ao que disciplinava o Decreto Lei 7661/1945, reforça o papel da assembleia geral de credores. Na falência, quando se exige a deliberação sobre a adoção de uma modalidade especial de realização de ativo, o artigo 145 da Lei 11.101/05 atribui poderes para a assembleia de credores, fixando como quórum, nos termos do artigo 46, 2/3 dos créditos presentes à assembleia. Esse quórum pode ser alterado se a forma utilizada for por adesões obtidas fora da assembleia. Nesse caso, o quórum passar ser a maioria da totalidade dos créditos.

Embora a Lei 11.101/2005 tenha colocado a assembleia de credores como órgão hierarquicamente superior e de ter conferido a ela a exclusividade de transmitir a vontade coletiva, não se ocupou, como fez a Lei das S/As., com a criação de limites, ou como anteriormente falado, com os *"contrapesos"* necessários para que a maioria não venha a suprimir direito essenciais dos que discordam da sua ideia.

O quórum da assembleia que delibera sobre a realização extraordinária de ativos, disciplinada no artigo 145 da Lei 11.101/2005, vem descrito no artigo 46 da mesma lei, e dependerá da aprovação de credores que representem no mínimo 2/3 dos créditos presentes na assembleia. Apurado este quórum, nenhuma outra limitação está prevista de modo expresso na lei, podendo a assembleia adotar qualquer modo de realização de ativo. Note-se que, esse quórum mudou muito em relação ao que previa o Decreto Lei 7661/1945. Na lei revogada, uma realização extraordinária de ativo só seria possível com a aprovação de dois terços dos créditos (artigo 123). Agora, existe a possibilidade de aprovação fora do ambiente da assembleia, mas com quórum baseado na totalidade dos créditos.

É necessário, portanto, salientar que o princípio majoritário não pode ser entendido como fundamento para aniquilar direitos essenciais. Com efeito, quando a Lei de Socie-

---

3. VALVERDE, Trajano de Miranda. *Sociedade por ações*. Forense, 1953, v. 2, n. 450

dades Anônimas diz que o acionista não pode ser destituído do seu direito de participar dos lucros (art. 109 da Lei 6404/76,) está limitando o poder da maioria. De igual simetria é o artigo 1351 do CC ao disciplinar a mudança de destinação do edifício, que não pode ser alterado pela vontade da maioria.

Na falência, embora não haja previsão legal, pode-se concluir que o poder da maioria só não obrigará os minoritários se estiver sendo aniquilado algum direito essencial.

Nesse ponto cabe lembrar que com a introdução do §4º do art. 145, estabelecendo a proibição de restringir a venda ou a circulação das participações societárias ou das cotas do fundo, fica nítido que a lei está zelando pelos interesses da minoria, olhando sempre a essencial condição de que o bem dado em pagamento poderá ser alienado.

8. CASOS CONCRETOS

Alguns casos foram examinados pelo Poder Judiciário, a propósito da realização extraordinária de ativos em processos de falência.

Caso Banco Santos

Em duas situações enfrentadas, na primeira, assembleia realizada para aquisição de ativos pelos credores com entrega de parte deles ao Falido foi anulada pelo juízo falimentar por ser imoral esta parte da proposta, indo em contrário ao princípio da *par conditio creditorum*, e também, pela possibilidade dos devedores da massa falida alegarem perante os credores a sucessão pelas aplicações feitas em empresas controladas pelo Falido, com a instituição financeira interessada na aquisição declinando da compra (*Decisão de 10.08.2016 no processo 0045770-22.2014.8.26.0100*).

Na segunda situação, um dos credores recorreu contra decisão que estabeleceu parâmetros e condições para a convocação de assembleia de credores quirografários, para deliberação sobre proposta de realização alternativa de ativos, principalmente quanto a obrigação de se associar a um condomínio *pro indiviso*, tendo seu recurso provido (*Agravo de Instrumento 2027354-39.2018.8.26.0000. Bayerische Landesbank v. Credores LEAM, Relator: Des. Grava Brazil*).

Caso Nortel Telecomunicações

Proposta de pagamento pelos credores quirografários de uma massa falida, aprovada em assembleia geral de credores, previa o pagamento à vista de 100% do valor do crédito aos credores prioritários e aos credores tributários, sendo que os credores quirografários poderiam optar em receber 30% do valor do crédito ou a sua conversão em ações de uma sociedade de credores e os credores subordinados receberiam 0,1% do valor do crédito.

O *Parquet* se insurgiu contra a decisão judicial, alegando que não havia informações suficientes aos credores presentes na AGC, de modo a tornar viciada as manifestações de vontade lá exaradas. Sustentou que a falência era superavitária para o pagamento de todos os créditos, salvo os subordinados, além da proposta apresentada ser deletéria para os credores quirografários, que teriam deságio para pagamento de seus créditos à vista caso a proposta fosse homologada, enquanto eles receberiam 100% dos seus créditos caso a falência prosseguisse com seu curso normal.

O Tribunal entendeu que não se afiguraram presentes as nulidades apontadas pelo MP na assembleia realizada e negou provimento ao recurso. Neste caso a sociedade de credores, que levantou mais de R$ 67 milhões do caixa da massa falida, ainda tem a chance de deixar de pagar quase que integralmente o crédito tributário, na ordem de R$ 60 milhões, se a tese da prescrição for reconhecida. (*Agravo de Instrumento 2040457-79.2019.8.26.0000. Ministério Público do Estado de São Paulo v. Fema5 Administração de Bens Próprios S.a. e Nortel Networks Telecomunicações do Brasil Ltda. Relator: Des. Alexandre Lazzarini*)

Caso Hexabanco

Proposta alternativa para a realização do Ativo foi aprovada por 100% dos credores presentes na assembleia geral, visando à aquisição de todos os ativos da massa, contudo, deixou de ser implementada por desistência, em face de exigências adicionais solicitadas pelo Juízo (*processo 0109434-47.2002.8.26.0100. Banco Hexabanco S/A.*)

9. CONCLUSÃO

As alterações aprovadas ao artigo 145 trouxeram novidades no cenário da falência, colaborando, em potencial, para que o objetivo maior dos credores, que é a realização do ativo, se dê com maior celeridade e eficiência.

E para que se atinja essa finalidade, a Lei 14.112/2020, conforme demonstrado, acrescentou ao mencionado artigo, além da hipótese de adjudicação dos bens alienados na falência pelos credores, a criação de fundo ou outro veículo de investimento, contando com a participação dos sócios do devedor, se necessário.

E com a finalidade de desburocratizar a implementação dessa proposta de realização alternativa de ativos, destacou-se a possibilidade da comprovação da adesão de credores que representem mais da metade do valor dos créditos, em substituição à realização de uma assembleia.

Essas pontuais mudanças, conforme se poderá ver na prática, certamente ajudarão a tornar mais célere e eficaz a realização de ativos na falência.

Anotações